JN408981

# 조선의 넋

도창회 장시집

# 조선의 넋

도서출판 천우

이 장시집(長詩; Epic)의 앞글은 월간 『문학세계』에 발표한 서언(序言)을 그대로 싣는다.

이 장시를 쓰게 된 동기라면 순종 조선문학이 뭘까? 우리 문학이 외국들에서 들어온 잡티를 쏙 뺀 순종 우리 문학이라면, 그게 뭘까? 어떤 것일까? 궁금하고 궁금해 나는 잠을 잘 수가 없다.

오랜 세월 중국을 섬기는 사대사상, 거꾸로 말하면 우리 문학이 중국의 식민지 문학으로부터 독립을 못 하고, 외세의 잡티를 못 벗고 있다면?, 하고 생각하면 내 몸에 열이 나고 눈알에 핏기가 서린다. 그리고 잠깐이지만 혹여 일본의 구차한 식민지 의식에 물든 망끼가 우리 문학에 남아 자라고 있다면(영향을 미치고 있다면), 하고 생각하면내 몸에 소름이 돋는다. 그뿐이랴, 외국 유학으로 인한 영 · 미국 문학을 본받아 정신적 식민지 문학으로 전락하면 앞길이 캄캄하다.

미국도 한동안 영국의 식민지 문학을 면치 못하고 배앓이를 하고 있을 때, 한 시인 월트 휘트먼(Walt Whitman, 1819~1892)이 나타나 그의 작품집 『풀잎』, 『자아의 노래(Song of Myself)』를 써서 미국 고유의 문학을 독립시켰다. 가상한 일이다. "내 혓바닥 내 피톨 속의 인자들은/ 여기(미국 땅)의 흙과 공기를 마시고/ 부모님, 부모님의 부모님, 먼 조상들로부터 만들어졌다."고 소리쳤다.

우리 문학(조선문학)은 조선 사람의 머리로 생각한 것을 조선 말(언어)로 쓴 문학이다. 문자가 없었을 때는 구처 없이 그랬다 해도 이젠 우리 문자가 따로 있다. 이제는 차이나의 한자(뜻글)에서 차입한 문학은 벗어던지고, 우랄알타이 어족군에 속한 기마민족의 후예 조선의 조선 말(소리글)로, 그 굳센 기상을 살려, 그 조선의 넋을 살려 순종의 조선문학을 만들어야겠다. '피보다 말(언어)은 못 속인다.'고 했다. 뜻글(한자)이 아니고 소리 나는 대로 적는 소리글, 우리 고유의 원형질 문학을 찾자. 찾아보자. 〈조선의 넋〉의 넋은 산 사람에게 정신(Spirit)이 되고, 사자(死者)에게는 혼(Soul)이 된다. 그 조선의 넋을 찬찬히 찾아보자.

도창회 장시집

# 조선의 넋

장시(長詩)

# 조선의 넋

그림 : 강석진

# 조선의 넋

세계지도 펼쳐보면
동서가 마치 두 마리 짐승처럼
마주 보고 있다
동쪽 즘생의 하복부쯤에
마치 남자의 낭심처럼
뾰족 내민 땅
온몸의 펄펄 끓는 정기가
거기로 몰리어 빳빳이 일어선 곳
거기로부터 생명이 잉태한다
생명의 근원지 그곳이
조선이라 불리었다
백두대간의 등심줄을
서슬 퍼렇게 세우고
누구도 못 말릴 고집으로
달리는 산줄기는
과시 한 마리 산짐승의
성질머리같이 굳센 기상이다
동서해의 검푸른 물결에

푹 잠겨 대양의 짠물에
불키우고 저려진 땅
그 땅에 자라온 동식물의
그 강인한 의지야
말해서 무엇하랴
철썩철썩 거센 물결이
달려들어 옆구리를 깨물고
하늘을 나는 바람이 폭풍으로
천지를 흔들어 놔도 끄떡없는
하늘에 검은 구름장이 뇌성으로
으름장을 놓아도 끄떡 않는
깡기로 똘똘 뭉친 종족의 생성과정이란
먼 옛날, 까마아득히 더 먼 옛날에
천지가 개벽하던 바로 그날
사람이란 작은 풀씨 하나가 바람에 실려 와
동방 쬐그만 나라 조선이란 땅에
뿌리를 박아 싹을 틔웠다
그 풀씨가 된 사람이

기원(紀元)이 되어 자란
순종 조선사람은
토종치고는 튼실한 종자이길래
그리도 질긴 숨결을 고르고
목숨을 부지해
비바람에 부대끼면서도
그 오랜 세월 동안 끄떡없이
제 모습을 잃지 않고
누가 뭐라 해도
한 눈으로 알아볼 수 있도록
순 토종 조선 몸뚱어리로 자랐고
순 토종 조선방식의 사고(思考)를 하며
체질개선을 거듭거듭 하여
오늘의 당찬 모습에 이르렀다
어디서 왔는지
누가 만들었는지는 알 바 없으되
이 풀씨는 곧이곧대로 자랐고
조선의 태양을 받은 땅의

자양분을 빨아먹고
조선의 햇볕을 쏘이며
조선의 하늘 아래
산바람 강바람을 거우르며
생명을 부지해 조선사람이 되었다
체구는 비교적 나즈막하고
피부색은 황색으로 까무잡잡하고
두개골은 크지도 작지도 않으며
두개골 상부는 검은 털로 덮여 있고
눈알은 앞으로 불거져 나오고
손발 사지가 길지 않지만
튼실한 뼈로 만들어져
조선사람 끼리는 족보가 없어도 알아보지만
코 큰 서양사람들이 보면 고개를 갸우뚱
그저 작아도 당찬 모습으로 비쳤으리라
소리 나오는 대로 이어가는
조선 말씨를 쓰며
소리 나는 대로 적는 글도 가지고 있어

제 딴에는 문명인으로 자처하는 민족이다
아, 그 씨앗이 자라남에
왜 풍상의 맵디매운 고추맛이 없었겠는가
북녘 동녘 서녘 남녘의
외세(外勢)의 난기류가 몰려와
심한 객고(客苦)를 치르었고
몸부림 몸부림치며
자살 직전까지 몸서리치는 고통을 앓아
할딱이는 숨을 몰아쉬면서
실낱 같은 목숨을 부지했으니
그때 그 고통이
외려 면역(免疫)이 되고
그래도 그 씨앗이 흙 속에서
썩지 않고 자랐으니
눈물 같은 세월이야
말을 해서 무엇 하랴
한 나라의 역사가
공연히 생겨났을 리 만무하고,

아무도 어쩌지 못하는
난공불락(難攻不落)의 세월이 왜 없었겠는가
까마득한 오랜 옛날부터
눈물 밥 퍼먹으며
그 설움 어찌 달랬겠는가
상상도 길을 잃어 갈피조차 못 잡으니
살려면 먹어야 하고
죽지 않으려면 견뎌야 하느니
눈물 밥알 씹으며
모진 세월 몸으로 받는데
이골이 났으니
그 또한 지복(至福)이 아니랴
싹수가 노랗단 말도 있으니
그래도 조선 토양에 틔운 싹이
노랗지는 않았는지
제법 조선 토양의 거름기를 맡아
몸집을 불렸으니
그 몸의 세포가 모여

오늘의 나(我)를 만들었다
누가 뭐라 해도
나는 조선 놈이고
누가 뭐라 해도
나는 코 큰 서양인은 아니다
누가 뭐라 해도
나는 몸이 비대한 중국사람은 아니다
누가 뭐라 해도
나는 피부가 새까만 아프리카인도 아니다
내 몸의 세포는 낱개마다
조선 도장이 찍힌 세포로 만들어져
그런 나로 말미암은
조선 순종의 사고(思考)가
순종 조선문학을 만들어낼 거고
그런 나로 말미암은
조선 순종의 사상과 철학이
순종 조선역사를 쓸 것이다
나 홀로 외곬로 살았다 한들

그걸 누가 믿으며
아무리 순종이라도 어찌
그 피가 순수하다고만 하랴
더러는 잡티가 나고
더러는 변종이 생기고
더러는 제멋대로 흘러가서
뿔이 솟아났으니
생긴 대로 본 대로 조선사람이다
맹물의 순도가 높아 순수하다고는 하나
어찌 불순물이 하나도 없으랴
수십억 년, 수백억 년,
수천억 년 살아오며
어찌 잡티가 없길 바라랴
그래도 동방에 한 귀퉁이에 내민 조선반도에
산이 많아 물이 맑으나
들이 좁아 먹을 것이 적지만
허나 사계절 뚜렷한 절기의 덕택으로
바른 심성대로 자랐으니

제 매력을 지니고 살 만한 곳이리라
넓은 땅에 사는 사람들을 부러워해서 무엇 하랴
큰 땅에 자란 자들의 기질을 동경해서 무엇 하랴
큰 땅에 발달한 문명을
부러워해서 무엇 하랴
우리는 투박한 성미와
변덕이 심한 기후에 의한
변화무쌍(變化無雙)한 지혜로
역사를 보존하고,
외압을 버텨왔으니
제맛 들린 김치맛처럼
제맛 들린 된장냄새처럼
제 특징을 가진 민족의 씨알이 아니랴
오, 조상의 음덕이 무엇이랴
조상 없는 후예가 어찌 있을까보냐
최초의 조상이 누가인가 그게 문제가 되랴
누구이든 있었다는 게 중요한 게 아닌가
아버지의 아버지, 그 아버지의 아버지,

그 아버지의 아버지의 아버지
무한히 올라가면 우리 맨 윗분이 나타나시겠지
까맣게 먼 옛날 옛적
먹구름이 하늘에 낀 채
회오리바람이 천지를 들썩이고
갈팡질팡 까마귀 떼가
그 회오리바람에 춤을 추고
캄캄하게 어둔 심연 속 어디에서
하늘이 열리어
물기 있는 곳에 태양볕을 쬐여
그곳에 생명이 잉태하니
존재의 의미가 생성되었도다
또 오랜 오랜 세월을 거쳐
의사소통이 가능한 동물이 생겨나고
인간이라는 동물만 큰 지혜를 자랑하니라
감각(感覺)이 세밀한 동물이
어찌 인간뿐일까만
감각으로만 살 수 없는 인간이기에

부끄러운 것을 아는 양심(良心)과
옳고 그른 것을 아는 이성(理性)을 익혀서
깨인 동물로 자처한 우리가 아닌가
우리 몸의 표피 밑에 묻혀 있는
실핏줄이 작동하여 신체(身體)를 운행할제
작지도 않고 크지도 않은
작달막한 조선사람의 체질
조선사람의 고유 풍속
고유한 문화를 영유(永有)하여
우리의 자랑으로 내세우고 살고 있노라
가끔 그 자랑으로 어깨를 들먹이지만
솔직히 수치스러울 때도 없지 않아 있다
조상 제례(祭禮) 때
고사리나물이 빠지지 않고
비늘과 등뼈가 없는 물고기는
제삿상에 놓지 않는 나라가
조선나라인가 한다
조상신들께서 왜 고사리나물은 좋아하고

비늘 없는 물고기는 싫어하는지
그 이유를 모르지만
그러나 조선사람이면
그렇게 하는 것을 다 안다
생일에 미역국을 끓이고
홍어와 공치를 삭혀서 먹고
된장 고추장 김치 모두 숙성시켜 먹는 지혜는
조선 민족이 알아낸 지혜다
메주를 띄워 된장 간장을 만들 줄 알고
특히 청국장 맛에 목젖을 껄떡대고
배추를 절여서 김치를 담가 먹는
그리고 그 맛을 아는 사람은
곧 조선사람 뿐이다
이와 같이 먹거리로부터
온돌방 잠자리 조선식 혼례법
조선식 장례법 조선식 무속(巫俗)
조선식 음식물 조선식 주조법(酒造法)
조선식 바느질 조선식 농기구와 농사법

조선식 입음새 먹음새 생김새 쓰임새
그 '새'들이 다른 나라와는 다르고
뿐만 아니라 조선의 사물놀이의
엉덩이 씰룩씰룩 그 신명과
조선 명창이 부르는 판소리의 가락이
외국인 귀에 어떻게 들릴까 자못 궁금타
사계절에 따른 절기가 다르니
그 절기에 따르는 풍속과
그 풍속에 따르는
음식, 놀이 그리고 입음새의 차림이 다르니
조선사람이 원형질로 변함이 없다
젓가락질 잘하는 것만 보아도
저 사람이 조선사람인 줄 알고
'아리랑'을 비롯하여
조선의 동요, 가요 등
노랫말과 가락을 들으면
얼굴빛이 금방 상기되고,
조선의 산과 들에 자라나는

들풀과 야생화만 보아도
예가 조선 땅임을 확인할 수 있다
어찌 이런 외부적 현상뿐이리요
인간 내부 현상
조선식 감정 감성 서정과 정서
조선식 인내 용기 지도자의 속성등이 다르니
이해와 소통이 안 될 때
외국인과 다툼이 생긴다
불교 유교 도교 기독교 등 종교인들도
조선식의 사고(思考)방식이 가미되고 있어
아마도 종주국 사람들의 눈이나
귀에 거스르기 일쑤다
나아가 가치관, 인생관
윤리관, 이념관, 관습과 습관까지
조선사람의 것들과는 달라
이해 상통이 안 될 때가 많으리라
과거와 현재를 조선 하늘 아래 살면서
유행한 모든 것들이

조선 각 지방의 전통에 영향을 받아
큰 차이를 낼 적이 많으리라
특히 타국인과 문화의 차이로 가치관까지 흔들린다
이 모두가 조선의 환경과
조선의 역사가 빚어낸
간격의 차이임을 말할 것도 없다
게다가 같은 조선 땅에 나서 살았다 해도
국내 지역별로 사투리가 다르고
음식의 식성이 다르고
그 지방의 전통적 사고방식까지 다른데
하물며 타국 사람들임에랴
조선 땅에 살다 죽은 귀신들마저도
그의 제일(祭日)에는
그가 살다 죽은 곳으로 가서
음복을 할 것이라 사료된다
조선사람 고유(固有)의 것이란 게
찾으면 얼마든지 있겠지만
일본 중국 필리핀 터키 등

가까운 이웃 나라와 비슷이 닮은 것들도
적잖이 있어 놀라움을 줄 때가 많다
어디까지나 먼먼 나라의 이웃과는
큰 차이가 있다는 것을
깨달을 수 있으리라
무엇보다 친근감은 말(言語)로부터 오기에
같은 어군(語群)에 속해 있는 민족끼리는
아마도 친화되기가 쉬우리라 믿는다
중국을 제외하고,
韓 日 필리핀 터키가
같은 어군에 속해 있어
언어의 음소(音素; Phoneme)가
서로 닮은 데가 있고
의미를 변별하는 형태소(形態素; Morpheme)에서는
같은 어군에서는 상통하는 바가 커
그 친화력이 매우 높다고 하겠다
그러니까 피보다는 말이 동족적 친밀감이
더 크다고 한 말의 뜻은

혈통(血統)보다 언통(言統)으로 미루어보면
동족성을 더 잘 알 수 있다
중국 조상과 조선 조상은
아무런 관계가 없다
왜냐하면 같은 어군에 속해 있지 않기 때문이다
중국말은 뜻글로 사성(四聲)이 있고
조선말은 소리글로 평성(平聲)으로
전혀 다른 혈통의 언어를 가진
종족임을 잘 알 수 있다
몽골 만주족 한국 일본 필리핀 터키
그들의 각 언어의 형태소가 유사해
두운 법칙과 모음조화의 특징이 있는
그리고 모두 교착어(膠着語)로 된
'우랄알타이 어군'에 속해 있다
같은 조상을 모시고 살았음을 방증하는 단서이다
몽골의 조랑말과 제주도의 조랑말이
닮았다는 게 예사스런 일이 아니다
비록 터키의 원족(原族)이 외모로 보면

그럴 것 같지 않지만,
따지고 보면 먼먼 윗대 조상은 같았다는 것이다
'피는 속여도 언어는 못 속인다'는 말이 맞는다
허나 '환경이 사람을 만든다'는 말이 있듯
민족이나 종족이 살아온 환경의 지배를 받아
행신머리나 정신머리가 같지 않아
행동거지와 생각거지가 달라
서로 상종하기가 껄끄럽다
특히 섬나라 일본은 섬나라 근성 때문에
오랜 세월 동안 조선사람을 괴롭혔다
옛날이나 지금이나 그 섬나라 근성은
그대로 가지고 있어
'속 다르고 겉 다르다'는 말을 듣고 산다
하기사, 중국사람은 그들의 대륙 근성이 있어
남을 깔보기가 일쑤요
좀체 그 근성대로
이념이나 체제를 못 바꾸고 산다
일부 수정은 있어도

통째 바꾸지는 못하는 게
땅덩이 큰 사람들의 사고방식이다
키 큰 놈치고
열적지 않은 사람이 없다더니
땅덩이 큰 나라치고
건방지지 않은 나라가 있던가
섬나라 사람의 마음은
좁쌀만 하다는 옛말이 있듯 일본은
집도 방도 마당도 뜰도
작은 것을 선호하고
음식물은 조금씩 먹을 만치 담아 먹는 습성
이 모두가 환경에서 유래된 것인즉
좁쌀 근성은 좀체 버리기 힘들다
있는 나라에서 여태껏
우리 불쌍한 위안부의 배상을
앓고 있는 것만 보아도 알만 하다
조선사람들의 밥상 차림은 홍청망청이다
제 식구 끼리 먹을 때는

단출한 밥상차림이지만
손님이 방문하면
밥상이 빽적지근 호화롭다
먹다 남길 망정 푹푹 인심을 쓴다
내 식구가 아닌 남의 식구에게
후히 대접하는 것이 예의라고 생각하는
우리의 도덕관 때문에 그렇게 하는 것이다
일본인이 보았다면 깜짝 놀랄 정도다
조선사람의 배짱을 엿볼 수 있지만
사실 뻥과 허풍도 들어 있다
결혼식 때 사돈이나 새서방님의 밥상은
최소한 20첩 반상기(飯床器) 이상으로 사용하고
심지어 40첩 반상기의 상차림을 볼 수 있다
밥상의 럭셔리(luxury)로 말하면
조선사람의 밥상만 한 곳이 없다 싶다
조선사람 배짱도 좋지만
그러나 '한 끼니 잘 먹고 열흘 굶는다'는 허세라면
가여운 귀여움이 아닌가

어쨌든 양껏 풍족히 먹어야
식성이 풀린다는 것이
조선사람의 식성(食性)이란 것을
말했을 따름이다
이 외도 조선사람을 키워낸 밑거름이 뭔가를 살펴보면
지리적 요건이 첫째로 뽑힐 것이다
지리적 요건이라면 조선 땅의 모양새가 아니겠나
우리 조선 땅덩이의 3분의 2는 산림(山林)이고
그 나머지가 들판이다
말하자면 온 땅덩이가
거의 산숲으로 덮여 있다
인공위성에서 내려다본 땅덩이는
거의 초록색으로 채워져 있어
어차피 우리는 나면서부터
산촌의 촌놈이 된 거나 마찬가지다
미국, 중국과 같은 덩치 큰 나라에는
가도 가도 끝이 안 보이는 대평원이 있건만
그러나 우리에겐 그런 곳이 없어

'대륙기질(大陸氣質)'을 넘볼 수가 없다
우리 조선족은 원래 말달리는
기마민족(騎馬民族)이지만
말이 달릴수 있는 대평원이 없어 딱하기 그지없다
옛 삼국시대 고구려 때는
만주벌판이 우리 땅이어서
망망한 만주벌판을 말을 타고 누빌 수 있었다
그러나 지금은 역사책 안에
도표로만 볼 수 있어
같잖다는 말이 절로 나온다
3분의 1의 평야만 해도 그렇다
비록 먹고살기에는 좁은 땅이지만
다행히 땅심이 좋아
농산물의 밑출이 보장된다
풍년이 들면 큰 부자가 된 듯
조선사람들의 배포가 유해져서
처신이 너그럽다
뭣보담 온대지방의 기후 덕택으로

안 나오는 채소가 없고
안 나오는 과일 또한 없다
봄 나물 여름 채소 가을 과일 등
겨울만 빼고 없는 게 없을 정도로
농작물이 풍성하다
사계(四季)의 덕택으로
작물의 계절맛을 볼 수 있어
비록 작은 토지지만 복 받은 땅이다
산림(山林)만 해도 그렇다
어딜 가나 산이 있고
푸른 숲이 있다
세계 어딜 가나
우리 산들과 강들만큼 아름다운 곳은 못 봤다
우리 땅을 삼천리금수강산(三千里錦繡江山)이라고
부르고 있으니
강과 산이 많다는 뜻과
비단천에 수를 놓은듯 아리땁다는 뜻이
합성된 성구(成句)다

산이 높으면 골도 깊다
산골짝을 끼고 흐르는 강들이 멋지다
산과 강의 음양(陰陽)의 조화가
이대도록 아름다울까
산의 나무들이 우리 조선사람에게 베푸는
은혜를 모르는 사람이 있을까
강물이 주는 혜택은 그 얼마일꼬
산과 강을 못 보고 사는 몽골인들이
우리 강산(江山)을 보고 어떤 감회에 젖을까
가는 쪽쪽 감탄사의 연발이다
대평원이 없는 우리가
몽골의 대평원을 보고 감탄하듯 그렇게 말이다
산과 강을 배경으로 한 산촌과 강촌을
고향으로 둔 사람들은
그 애향심이 남다르다
고향만 생각하면 눈물 글썽이고
그 아름다움이 정녕 그리움으로 남는다
산 들 강의 3박자가 잘 맞아 들어가는 곳이

조선 땅이다
이 3박자가 맞는 땅을 하늘이 주셨으니
우리는 처음부터 천혜(天惠)의 복을 받고
태어난 사람들이다
그렇다 산이 없으면 목동(牧童)이 어디 있으며
강이 없으면 나루터 뱃사공이 어디 있으랴
또 민물의 강태공이 어디 있을까?
산과 강물로 빚어낸
회화작품(繪畵作品)이 얼마나 될까
산과 강물에 빗대어 쓴 문학작품(文學作品)은
또 그 얼마나 될까
우리의 자연만큼
도타운 은혜를 가져다주는 곳은
세계 어디를 가보아도 없다
고답준려(高踏峻麗)한 절경이 있는가 하면
후정다감(厚情多感)한 풍경이 있다
열 발자국만 떼도
다른 아리따운 풍경을 만난다

아름다움을 보려는 심미안을 가지고 보면
한생 동안 조선의 비경(秘境)을
귀하게 볼 수가 있을 것이다
영국은 온 국민 전체가
자연관(自然觀)을 가지고 있다
워즈워스의 시들의 덕택이다
실제로 영국의 자연(호수지방의 자연)은
별 볼일 없는 것이지만
시인 워즈워스(Wordsworth)가 하도 그 자연을
아름답게 시로 썼기에 자연관(view of nature)을
온 국민이 갖게 되었다는 것이다
이에 비해 우리는 영국보다 열 배
아름다운 자연을 가지고 있지만
우리 국민의 가슴마다
자연관이 심어지지 않는 것을 보면
아마도 워즈워스와 같은 위대한 자연 시인이
없는 까닭이 아닐까 한다
워즈워스는 풀속 광휘(splendour in the grass)를

발견하는 탐미안을 가지고 있어
그렇게 아름다운 자연시(또는 낭만시)를 쓸수 있었다
환경의 요인 중에도 자연만큼 크게
영향을 끼치는 것은 없을 것이다
조선 13도(道) 어딜 가나 높은 산이 자리 잡고 있어
산이 주는 위대한 자연은
직간접적으로 생활과 정서에 지대한 영향을 주어
순종 조선사람의 기질(氣質)을 만드는데
주요인이 되었음을 말할 것도 없다
함경도 개마고원으로부터 백두산, 묘향산, 금강산
설악산 부소산 태백산 삼각산 소백산
월악산 계룡산 가야산 지리산
덕유산 백두대간(白頭大幹)의 명산들과
제주섬의 한라산 등
이 큰 산들이 거느린 낮은 산봉들
그리고 이 산간(山間)에 끼어있는 대하(大河)를 들면
두만강 압록강 대동강 동강 한탄강 임진강
한강 금강 백마강 남강 낙동강 섬진강 영산강

이 큰 강들이 거느린 수많은
지류의 소강들이 있으니
언필칭 '반도강산'의 면모가
갖출 것은 다 갖췄다고 하리라
오, 조선사람은 복 받았느니라
저 위대한 산들의 맑은 공기를 마시고
저 위대한 강들의 맑은 물 먹고 자란
조선사람들이여!
네가 조국의 위대한 산하와 더불어 살면서
네 조국의 대자연의 도타운 은혜를 모른다한다면
그를 어찌 이 나라 동포라 하겠는가
이 강산, 이 국토에 태어난 사람들은
이 수려한 자연 속에서 태어난 사람들은
조선 땅의 흙 한 움큼
돌멩이 한 덩어리에도
관계 지어지지 않은 것이 없으니
내 조국의 산하에 경배를 올려야 마땅하리로다
이 땅에서 태어나 이 땅에서 살다

이 땅에다 몸을 묻고 가야 할
동족(同族)이 아닌가
저기 물동이 머리 위에 얹고
엉덩이 걸음을 걷는 촌 여편네를 보라
비록 행색이 초라하고 비록 볼품없다 해도
바로 저 조선 여인의 치마 밑에서
우리가 태어났고
전철 칸 노인석에 앉아 졸고 있는
저 풍신의 사내를 보라
바로 남루하고 꾀죄죄한 저 조선 남자가
나를 태어나게 애써준 사람이다
저 여편네, 저 사내를
타 인종의 모임 속에 섞어놓아도
우리는 금세 그들이 조선사람임을 알고
찾아낼 수 있다
조선사람에게는 고유한 조선냄새를 맡을 수 있다
조선사람에게는 조선사람의 고유한 몸놀림이
눈에 선하게 보인다

눈을 닦고 자세히 관찰하면
조선인의 오장육부까지 훤히 들여다뵌다
풍속만 보아도 순종 조선인을 구분할 수 있다
겉모양을 보고 조선사람을 구분 못 하면
그의 행동거지를 보라 했다
그 사람의 행동거지는
자기 나라 안에서 내림한 풍속(風俗)에
기인한다는 말이 있다
먼 윗대로부터 내림하는 생활문화에 대한
사회적 관습이 풍속이다
이 사회적 관습은
하루아침에 만들어지는 것이 아니다
아버지의 아버지 할아버지
할아버지의 아버지 증조부
증조부의 아버지 고조부
이렇게 무한히 올라가다 보면
저 먼 조상때부터 만들어진 그들만의 사회적 관습
즉 풍속이 소리 없이 만들어져

대물림해오는 것이다
민족이나 동족을 구분하는 특색은
풍속만 한 게 없다고 했다
새해 초하루인 설명절 정월 대보름 오월 단오,
팔월 한가위 등 큰 명절을 쇠는 풍속은
조선사람의 명절 풍속으로 전 국가적으로 치른다
풍속이란 왜 그래야만 되는가의 문제가 아니라
무조건 지키고 보는 게 문제가 되는 것이 풍속이다
왜냐하면 그건 다름아닌 조선의 풍속이기 때문이다
내림한 풍속을 지키는 것은 자기 조상에 대한
경의(敬意)를 표하는 것이요
자기 종족(민족)을 내세우는
자랑스런 문화에 대한 애착심이기도 하다
타국으로 이민 간 조선인은
조선의 풍속을 꼭 지킴으로써
자기 본색을 드러내는 기회를 얻는 게 아니겠나
팥알이 콩밭에 떨어져도 콩이 안 되는 것처럼
조선인이 자리를 옮겨갔다고

종족이 바뀌는 것이 아닐진대
제 풍속을 제가 지키는데 누가 뭐랄까
따지고 보면 내림하는 풍속을 지키는 것보다
더 아름다운 일은 없으리라
풍속이란 대명절만은 아니다
지방마다 그 지방의 고유한 풍속이 있고
그 집안마다 그 집안의
아름다운 생활습관이 있다
어찌 되었든 국가적인 풍속이나
지방의 풍속이나
집안의 풍속이나 무엇이 되었든
아름다운 조선식인 것만은 사실이다
왜냐하면 아름답지 않은 풍속은
지킬 리가 없기 때문이다
우리 조선사람에게 맞지 않으면
지킬 리가 없다
종족이나 민족을 구분하는 단위는
언어 다음으로는

그들이 지키는 풍습이라고 했다
순종 조선사람
순종 조선사람 얼은
우리가 지키는 풍속에서 엿볼 수 있다고 한다면
결코 틀린 말은 아닐 리라
풍속도 일종의 버릇인 바
그러한 버릇(습관)을 내림하는 것은
유전인자와 무관하지 않을 것도 같다
우리의 세포 안에 들어 있는 DNA가
시키는 대로 가는 버릇이 아닐까
조선사람 특유의 몸버릇 말버릇 사고의 버릇
심지어 문학의 버릇까지도 따로 있다는데
그게 뭘까?
예를 들어 남미(南美)의 멕시칸들의 몸버릇,
말버릇은 흥분하면 그 극(極)을 달리고
예를 들어 저 북구(北歐)의 도이취인들은
흥분하면 할수록 몸과 말소리를 낮춘다
프랑스인들은 들뜨고, 영국인은 눈을 깜박이며

남의 말을 들어주는 편이고,
미국인은 프랑스인과 영국인의 반타작(半打作)을 하면
될 것이다
나라별로 봐서 우리 국민은 대가 센 편이기는 하지만
강자에겐 목을 움츠리고 약자에겐 목을 뽑는 형국이다
허기사 국민성이 그렇다 해도 개인 특성이 따로 있는 법
흥분하고, 동의하고, 반항하고, 적대시하는
서로 다른 버릇이 있으니
지식 연령 교양의 차가 주효하다고 하리라
적극적 소극적이란 것도 경우에 따라 다르고
진보적 보수적이란 것도 노소에 따라 다르다
슬플 때는 울고, 기쁠 때는 웃어야 하는 게
정칙(正則)이지만 정반대일 수도 있으니
알고도 모르는 것이
사람의 감정이고 마음 속내
조선사람들의 일반적인 감정이라면
전자가 될 것이다
국가적 버릇이나 개인의 버릇이나

길들이는 대로 가겠지만
지나치면 탈[事故]이 된다
사시장철 울보 버릇이면 그게 뭐 좋을까
버릇이라면 버릇이고,
풍속이라면 풍속인 게 미신(迷信)이다
그 나라, 그 민족을 알려면 그들의
미신 신앙을 들여다보라고 하였다
조선사람의 미신신앙은 끔찍하다고 느낄 정도로 대단하다
무속의 신굿도 독특하지만
성황당(城隍堂)을 모르는 조선사람은 없다
성황당을 서낭당이라고 부르는데
서낭신을 모신 곳이다
서낭신은 한 부락의 수호신으로
부락민의 길흉화복(吉凶禍福)을 좌지우지하는
전천신(專擅神)이다
서낭신에 잘못 보이면 박살이 나고
서낭신을 잘못 모시면 볼 장 다 본다
서낭당의 신앙은

우리나라 어딜 가나 볼 수 있지만
알타이어군의 어느 나라에 가보아도
다 있는 것 같다
우리보다 더한 곳은
중국 몽골 일본 그리고 남부의 여러 나라다
지극정성으로 신을 모셔놓고
비난손의 행위를 한다
국내 농촌 어촌 가릴 곳 없이 서낭당이 있다
서낭당에 모신 주신(主神)이
남성인지 여성인지 잘 모르지만
위엄을 갖춘 신으로 누구라도 그에게 밉보이면
화를 면치 못한다
농촌이면 풍년을 기원하는 풍년제
가뭄에 비를 소망하는 강우제
어촌이면 어획 만선을 기원하고
어부들의 안신(安身)을 비는 풍어제
마을 재앙을 물리치고
마을의 태평무사(太平無事)를 비는 안택제

집집마다 화나 액을 물리고 소원 성취하도록
손이 발이 되도록 싹싹 두 손을 비비는
그 정성 갸륵하다 하리라
전쟁터나 군에 입대한 남편이나 아들의
무운을 빌고
장가 못 가고 시집 못 가는 노총각 노처녀의
성혼(成婚)을 위해 빌고
우환 있는 가정에 병마나 잡귀를 물려달라고
없는 자는 있도록
있는 자는 더 있도록
아들 못 낳은 여인은 옥동자를 점지해달라고
늦게 둔 외동아들의 장수를 위해
바람난 서방님 바람 잡아달라고
학교 시험 취직 시험 낙방하지 않도록
사춘기 소년 소녀 정분나도록
심지어 성질머리 까탈스런 시어미
성미 좀 고쳐달라고
사랑의 배신자는 발모가지가 부러지라고

악담 기원하다 도리어 화를 입은 사람도 있다니
사람의 간사함이 끝 간 데가 없다
아무리 병신 같은 서낭신이라도
콩나물밥 한 그릇 뇌물 받아먹고
몹쓸 소원까지 들어주면
차라리 없는 것만도 못한 게 아닐까
벼락이란 게 괜히 있을까
벼락 맞을 사람은 따로 있는 것이다
조선사람 안택(安宅)을 위한 정성은 지극해서
10월 상달에 떡시루에
숟가락 거꾸로 꽂아놓고
조상님과 부엌신에게 소지를 올리며
손을 싹싹 비빈다
정월 초하루에 한 해 사주를 보러
점쟁이를 찾고
안택굿 살풀이굿 천도굿 아귀 쫓는 굿
암무당 숫무당 색동 활옷 자락 펄럭이며
손에는 대나무 들고

신을 불러 다짐을 받는다
작두의 날 위에 오르고,
큰 칼을 휘둘러 겁을 주고
음식을 주어 달래고,
가무(歌舞)의 즐거움으로 쓰다듬고
금품으로 귀신을 꼬인다
갖은 방법 다 동원해 귀신을 달래면
끝내 귀신도 넘어간다
산 자와 죽은 자 사이에 무인(巫人)이 있어
귀신을 만날 수 있다
'바람[願]이 곧 이룬다'는 현인의 말이 있듯
상상은 자유지만,
굿을 하여 멀쩡하게 낫는 사람도 있다
모든 게 제 마음이지만,
나았다고 생각하면 낫는
정신치료 방법일 수도 있으리라
종교인들은 무속을 이단시하거나
잡귀라고 물리치지만

기독교에도 마귀를 퇴치하고
유교에 개묘당을 지어
신주를 모시고
불교에도 칠성각과 산신각을 짓는 것을 보면
크게 다를 바가 없다
죽음을 빌미로 실랑이를 벌이는 것은
방법의 차이일 뿐
실존을 위한 몸부림치는 고통은 어쩔 수 없나보다
죽음을 놓고 삶을 담보로 잡는 수작일지니
인간 내면의 의식세계에
기만의 한계가 어디쯤일까 하고 웃어 본다
미국이라는 과학 국가에도
기독교적 범신론(汎神論)이 있어
만물이 모두 신성(神性)이 있다고 믿는다
풍속과 무속을 미신이라면
억지로 권할 일은 못 되지만
미풍양속이라면 유지 보존하는 것도
의미가 있다고 본다

이 모든 양속(良俗)은 어찌 됐든
선의(善意)의 소산(所産)이 아닌가
솟대나 장승문화가 어촌이나 농촌에 있었으니
장대 끝에 목각 철새(오리나 기러기)를 올려
솟대를 만들어
땅과 하늘을 이어 소통한다
남자대장군(男子大將軍)여자대장군(女子大將軍)
남녀의 얼굴을 목각하여
장승을 쌍으로 동구에 세우니
둘 다 마을의 수호신으로
신앙의 대상이 되었다
장승으로 말하면 캐나다 같은 나라의 장승은
기묘함이 극에 달해
완전한 예술품으로 승화시키고 있다
극단적 언급을 빌리면
조선사람의 전체적 인식구조나 의식구조는
바람직한 수행을 거쳐 이루어졌다기보다
차라리 미신과 같은

탐탁지 못한 수행이 작용한 것이
더 많지 않나 싶다
그렇다면 조선 종족은 순종이기 전에
뭔가 잡종을 자처한 것이라고 해두자
저기 술 처먹고 개병 앓는
저 조선 놈의 배를 갈라 해부해 보면
순종 티가 몇 프로이고
잡티가 몇 프로인지 따져 볼 일이다
하기야 순수 비순수가 그리 문제일까
설령 비순수성으로
순종 조선사람이 되었더라도
그게 조선인의 토종이면 되는 게지
천 년 묵은 느티나무가
순수한 영양공급을 받았든
불순한 영양분을 먹고 자랐든
설령 사약을 먹고
죽을 고비를 넘겼다 해도
오늘날 저렇게 왕성한 잎을 달고

저렇게 훌륭한 기품으로 서있다면 되는 것처럼
과거의 불순물이 그리 문제될 것은 없다는 뜻이다
실지로 왕성하게 자란 당산목(堂山木)에
금줄 매고 빌었으니
그 신통력을 믿는 신당(神堂)은 동리마다 있다
조선사람의 본성에 생동감을 주는 게 어찌
내부적 조건에 그치겠는가
조선사람이 조선사람으로 존속하는 데는
외부적 조건도 있으려니
내부적 조건이란 것도 외부적 그것과
결코 무관하지 않을지니
인간의 심령(心靈)이 만들어지는 데는
환경의 외부 조건에 크게 의존됨을
말해서 무엇 하랴
알게 모르게 우리 일반적 심성(心性)은
조선 땅의 외부적 환경에 따랐음이 분명하다
조선 땅이 작지만 사계(四季)가 있어
온대성 기후에 적합한 동식물이 자라

저 추운 한대지방, 저 더운 열대지방의
동식물과는 닮지 않았고
그 환경에 지배 내지 적응한
사람의 심성(心性)마저도
저으기 다르다고 이해하면 가하리라
사계가 있는 온대지방인
조선 땅 조선 산에 어딜 가나
거의 비슷한 관목 초목들이 자란다
위도(緯度)상으로 북과 남이 조금 차이는 있을망정
조선에 살은 사람들이 모르는 동식물은 없다
백두산에서 한라산까지
모든 산야에는 소나무가 자라고
그 소나무 밑에 참꽃(진달래) 개꽃(철쭉)이
봄이 되면 제일 먼저 핀다
조선땅 가장 대표되는 식물이 있다면 뭐라해도
소나무와 진달래꽃이라 해도 무방하다
왜냐하면 솔과 참꽃이 없는 지방은 없으니깐
그래서인지는 모르나 조선남자는 솔처럼 씩씩하고

조선 여자는 진달래꽃처럼 곱다
내륙 지방과 해안지대의 초목이 좀 다르다
대개는 비슷한 관목수과 침엽수가 자라지만
해변가에 자라는 해당화 그리고 동백은
유난스레 바닷바람을 마시고 자란다
내륙 지방에 대나무가 무성히 자라지만
해변가에 안 뵌다
매 난 국 죽(또는 송) 사군자(四君子)는
죽 하나만 빼고
남북과 내륙 해안 어디에도 볼 수 있다
특히 오상고절(傲霜孤節)에 피는 국화는
진달래 다음으로
널리 퍼져 있는 조선의 꽃이다
조선 남자 조선 여자의 기질은
꼭 닮은 꽃이라면 국화인 듯 뵌다
국화는 향기도 맵지만 꽃도 아름답고
그 뿌리는 추운 겨울을 이겨내는 다년초다
맵시로 보나, 향기로 보나

조선사람의 기질을 꼭 닮아 있어
시화(詩畵)의 소재로 자주 등장한다
사군자 중 매 난 죽은 향기 꽃 맵시 중
하나를 갖추면 다른 하나가 빠져있어 좀그렇다
조선인의 기질을 가장 많이 닮았다는
나라꽃인 무궁화의 덕목은
말을 안 해도 다 아는 바다
봄꽃으로는 벚꽃 살구꽃  복숭아꽃 등 많은 꽃은
조선 산야에 자라는 식물치고
봄여름 두 철 꽃이 피지 않는 곳이 없다시피 하다
실로 조선 땅은 꽃으로 복 받은 나라다
실로 조선 땅은 수종(樹種)으로 복 받은 나라다
봄에 꽃, 여름에 실록, 가을에 단풍, 겨울에 설경
사철이 주는 건강,
사철이 주는 기개(氣槪)는
알게 모르게 우리 몸에 배었고
이는 하늘이 내린 천복(天福)이 아니고 무엇이랴
어떤 동물학자가 하는 말인즉

사계가 뚜렷이 있는 지역에 사는 동물들은
간교(奸巧)하다는 말을 들었단다
나쁘게 말하면 간교하지만
좋게 말하면 슬기롭다는 말이기도 하다
봄 여름 가을 겨울의 계절마다
생각이 달라지기 때문에
언제 그랬나 싶을 정도로
생각과 행동이 달라진다고 했다
그렇게 보면 사악하고 간교하다는 말이
이해가 간다
인간이라고 다를 바가 있겠는가
그래서 철 따라 변덕이 심하고
속임수(꾀)가 능한 사기꾼이 많은 건가?
사기꾼이 많은가 하면 슬기로운 사람도 많다
슬기로운 사람은 머리(지능)가 좋고
그 덕분으로 나라가 흥하고
우리의 삶이 살찐다
이 모두가 사계의 기후와

그 기후에 영향을 받은
대자연 환경의 덕택이라고 한다면
나를 무식하다고 하겠는가?
슬기롭든 교활하든 양면성을 가진
조선사람, 조선 사회는
가차 없이 조선 땅 위에서 만들어졌으니
더 할 말이 없다
365일 한 해 동안 변화를 느끼며 사는 사람들에게
그때그때 적응하는
음식 의복 잠자리가 달라
그 적응능력의 덕으로
우리가 장수하는지도 모른다
아니면 단명하는지도 모른다
예술은 조화(調和; Harmony)이고
건강은 조절(調節; Control)이라 했으니
사람마다 자기 할 나름이지만
조선을 아침에는 빛나는 나라라 부르지만
봄에 따뜻함 여름에 시원함

가을에 쌉쌀함 겨울에 추위
봄에 춘곤증 여름에 일사병
가을에 변절기 감기 겨울에 해수기침
봄 나물 여름 채소 가을 과일 겨울 김장맛
골고루 맛을 볼 수 있는 나라의 사람들만큼
복 받은 나라가 어디 있을까
조선사람이 아니면 뭔 말인지 모른다
가끔 고기압 저기압의 이상기후로
혼쭐을 맞기는 하지만
가끔 따끔한 맛을 보는 것도
재미라고 보면 될 일이다
그리고 간과할 수 없는 것은 길즘생과 날짐승이다
조선 산야에 사는 길즘생 중 집짐승은
소 말 개 돼지이고
날즘생은 닭과 오리다
농경시대 가장 큰 재산이라면
이들 짐승들임은 말할 것도 없고
또 이들로 하여금 영양공급이 되었던 게고

나아가 살림 밑천이 되었다
농경사회 때는 집집마다
어느 가정에도 빠짐없이 길렀던
가축 가금이었다
야생짐승도 산 숲으로 뒤덮인 조선 땅이라
그 가지 수를 헤아릴 수 없으니
호랑이 늑대 노루 산양 여우 고라니
너구리 오소리 살쾡이 다람쥐가 산 숲에 뛰놀고
날짐승으로 부엉이 꿩 독수리 매 황새
뻐꾸기 소쩍새 꾀꼬리 각종 산새들
들에는 까마귀 까치 뜸부기 메추리 종달이가 날고
바닷가 갈매기 덤불 속엔 감장새들이 지저귀고
참새는 산에 들에 마을까지 득실거린다
특히 조선의 텃새라면 그 대표가 참새다
조선 사계절에 가장 잘 길들여진 텃새라면
뭐라 해도 참새인가 한다
작은 체구로 번식력 강하고
무리 지어 살면서

인간 동리에 가장 가까이 인접한 새로
낱알과 벌레를 먹고 산다
‘참새’ 하면 조선 새처럼 느낄 만큼
흔하고 반가운 날짐승이다
조류학자에 의하면 참새는
온대지방의 텃새지만
한대 열대지방에까지 널리 퍼져 산다고 한다
아마도 날짐승 중에 적응력이 가장 뛰어난
놈은 참새가 아닌가 한다
길조인지 해조인지 잘 모르겠지만
조선사람과 함께 살아왔고
조선사람이 가장 반가워하는 새임에는 틀림없다
철새[候鳥]도 봄의 전령조인 제비,
겨울 전령조인 백조와 두루미 등
종류가 다양해 조선 땅 절경(絕景)에 품위를 높인다
멀리 해외로 이민 간 사람
해외 장기간 체류한 사람들이
가장 보고 싶어 하는 것들은

조선 산하와 조선 산하에 살고 있는 동식물이라고 했다
고향이 그리운 것은
기실은 고향의 산야와 강촌 풍경이 그리운 것이고
또 그 속에서 나누었던 정 때문일 것이다
고향이 바닷가 근처라면
바다로 인한 정 때문에 눈물 적신다
특히 조선 땅 삼면이 바다로 싸여 있어
바다에 대한 애정과 정서는 남다르다
바다의 서정(抒情)은 따로 있다
바다와 인접하지 않은 중국인과 몽골인은
바다 서정을 알 턱이 없다
그 많은 어종의 맛도
그들에게는 우리만큼 익숙하지 않으리라
생각해보면 조선인은 수륙(水陸)으로
복 받은 사람들이다
조선사람은 촌놈 뱃놈의 정서를
함께 즐기는 놈임을 뜻한다
그렇다 생각을 늘이어 보면

제철에 제 곳의 정서를 느낄 줄 알지만
거꾸로 제철이 아닐 때, 제 곳이 아닌 곳에
그때 그곳을 그리워하는 역반응의 정서를
느낄 줄도 아는 민족이 조선 민족이다
영국과 일본과 같은 섬나라 사람들은
수륙의 정이 아마도 반반으로 나누어져
우리의 삼면이 바다이고 대륙에 일면이 붙어 있는
우리와는 수륙의 정이 뭔가 다를 것이니
그 풍속 그 사고(思考)도
뭔가 다른 점이 있을 수 있으리라
자세히는 모르지만 문화도
다른 점이 많으리라 사료된다
한 나라 안에서
미국의 육지에 접한 L.A. 사람들의 사고와
섬인 샌프란시스코인의 사고방식에
차이가 있을 때가 있다는 말을 들었다
사람은 본 만큼 느낀 만큼
그 환경에 지배를 받는다는 말이 맞는가 보다

그 나라의 문화와 문명(역사)이란 것도 따지고 보면
그 지역(지리적) 환경
그 속에서 살아온 인종들이 행한(만든) 것이고 보면
그 나물에 그 밥이 될 것이다
환경적인 요인과 인종적인 요인이 합해서
문화와 문명 나아가 역사를 만들었다는 말이다
한 나라 똑같은 언어를 사용하면서
예를 들어, 신라 백제 고구려 삼국이
서로 토지(지면)를 빼앗기 위해
피가 터지도록 싸웠고
각 국마다 지방 토족간에 권력다툼이 자심했다
같은 언어 같은 윗대 조상을 모시고 살면서도
그렇게 땅따먹기에 혈안이 되었는데
하물며 말과 조상이 다른 이국(異國)임에랴
특히 조선국과 인접한 중국과 일본은
악연, 그런 악연이 없었다 싶다
고구려는 중국과 인접해 있고
신라는 일본과 인접해 있어

그들간의 불화와 전쟁이
불가피했음은 말할 것도 없고
차라리 맞붙어 개싸움을 벌인 것이
당연지사라 하리라
물고 물리는 개싸움을 상상하면
인간싸움도 별로 다를 것이 없으렷다
싸움(전쟁)이란 이길 때도 있고
질 때고 있으니
물리적인 힘이 강하면 이기고
질 때는 그 반대이다
광개토대왕이 그만큼
중국의 서북 땅을 많이 차지한 것도
그 힘이 강했기 때문이다
나라가 강했을 때에 영웅이 태어난다
장수왕 광개토대왕을 비롯한
강감찬 연개소문 을지문덕 장군 등
그들은 조선족의 영웅들이 되었다
그와 반대로 싸움(전쟁)에 지는 왕과 장수는

조선의 영원한 역적이 되었다
일본 섬나라 침략군을 왜적이라 불렀다
왜적이 하도 깝죽대며 성가시게 구니깐
신라 태종무열왕은 죽어서
물귀신이 되어서라도 나라를 지키겠다고
바닷속 바위에 묻어달라고 했다
이 무덤이 대왕암이다
생각하면 조국의 수호신으로
위대한 영웅이 아닐 수 없다
조선사람이 조선사람으로 존재하도록 하는 데는
오랜 세월 동안의 외침(外侵)이 없었던들
그로 인한 만신창이(滿身瘡痍)의 상처의
기여가 없었던들
어찌 가능했을까 싶다
영광의 상처는 없는 것보다 있는 게
차라리 낫다는 말도 있다
유구한 역사가 진행되는 순간순간
내적 침공 외적 침략

내전(內戰) 외전(外戰)을
수백 번, 수천 번을 치르면서
살아남는 존속의 의미를 가지게 된다.
내적 침공의 전형이라면
신라 백제 고구려 3국의 싸움이겠고
외적 침공의 전형이라면
인조조(仁祖朝) 몽골의 침략과
조선조 일본의 침략이 될 것이다
이 둘의 침공으로 우리 조선 사람의 수모는
하늘에 닿았으니
나라 안에 땅따먹기 싸움에서
우리가 결코 잊을 수 없이 기억되는 사람이 있다면
신라의 화랑 관창과 김유신 장군
백제의 계백장군 그 슬픈 비사(悲史)
고구려의 장수왕과 광개토대왕의
그 용감성을 모르는 조선인은 없다
고려(高麗)가 망할 때 끝까지 항복을 안 한
삼별초(三別抄) 얘기는 눈물겹다

비운의 역사는 이어져
아, 나라가 풍전등화로 허덕이고
나라가 빼앗겼을 때
아, 그 울분을 참고 살은 세월이 그 얼마이던고
가히 죽을 맛이었다
복수의 칼을 갈고 이를 갈았지만
결코 쉽지 않은 현실로
움츠리고 엎드린 세월이란
몸서리치고 생각할수록 소름 끼친다
몽골인의 전란(戰亂)으로
심양으로 볼모로 끌려간 대군의 귀양살이
그 한 많은 세월을 무엇으로 보상받으리요
물자 조공 사람 조공 차마 못 할 일
피눈물 곱씹으며 참아온 굴욕의 상처
그 누가 어루만져줄까
세검정이 왜 생겼는지 그걸 모르는 사람이 있을까
일본의 외침 또한 잦았으니
일본의 볼모로 끌려간 남편을 기다리다

망부석(望夫石)이 된
박재상 아내를 모르는 사람이 있을까
1910년 한일합방 이후 일본의 침략으로
나라를 빼앗기고
왜놈의 노략질이 극에 달했으니
군수물자 만든다고
놋숟가락 놋젓가락 다 거두어가고
기름을 짠답시고 소나무 송진을 채취하고
조선 땅에 나는 도꼬마리 열매까지 다 따가고
전쟁터에 내몰아 젊은 사람의 씨를 말리고
늙은이는 보국대로
젊은 여인은 위안부로 처녀공출을 해가고
그 간악한 만행(蠻行)을 눈 뜨고 못 볼 정황
나라 빼앗긴 설움이
보다 더 큰 슬픔이 어디 있을꼬
돌아다보면
조선조 오백 년은 우리 역사상
가장 민족사(民族史)에서 수치스럽고

치욕스런 역사다
이유는 간단하다
왕이 다스리는 왕권 사회 그리고
양반이란 귀족 사회의 그 전횡은
필설로 다 나타낼 수 없다
썩은 냄새가 코를 찌르다
왕가에 동생이 형을 죽이고 임금이 되질 않나
숙부가 조카를 죽이고 임금이 되질 않나
죽은 당사자와 사육신 생육신 귀신들이
아직도 지하에서 피를 토하며 통곡한다
그 뿐이랴
더 썩어 냄새가 진동하는 것은
양반 사회 즉 귀족 사회의 당파싸움이다
동서, 노소의 4색 당파싸움은
정말 기구 가관이다
살기 위한 몸부림,
아니 살아남기 위한 몸부림이라지만
간계와 추행(醜行)투성이가 아니고 무엇이랴

더 보탤 말이 없다
4색의 여운이 오늘날까지 남아 있는 듯
씹고 물고 뜯고 패가름하는 못된 버릇
언제쯤 없어지려나 단군임금이 웃겠다
그 총 중에도 어진 임금이 있어
백성을 제 몸같이 여겨 선정하고
무슨 일이 있어도 기어이 만들겠다고
굳은 각오로 한글 문자를 만들어낸 세종대왕
우리 조선사람은 그를 영원히 기억할 것이다
그리고 나라가 어지러울 때
몸을 사리지 않고
분연히 죽음을 불사한 이순신 장군!
아 장하고 장하도다
이분보다 더 장한 사람 보았는가
왜놈의 총알 맞고 눈을 감으면서도
"내가 죽었다는 말 적군에게 알리지 말라"고
했다니 나라 위한 충절을 어찌 잊을쏜가
하늘이 낸 장수로다

천하에 으뜸 장수로다
나라와 백성이야 죽든 말든
나만 살고 보자는 위인도 많다
그런 인간들은 왜 태어났고, 왜 살았나 싶다
안동 땅의 이상룡이란 부호는
4백 명이란 식솔을 거느리는 양반이건만
나라가 일본에게 빼앗겨 굴욕당하기보다는
조상의 신주를 땅을 파고 묻고서 만주로 떠나며
"나라가 없데 신주를 모실 곳이 어디 있으랴" 하며
후일을 기약하고 이국땅 만주로 홀연히 떠나
영영 돌아오지 못하고
불귀의 객이 되고 말았다는 얘기
해설사가 쏟는 말에
가슴이 찡하게 전달되는 느낌은
무엇을 의미하는 걸까?
김구 선생 안중근 윤봉길 유관순… 애국지사들은
지하에 계시면서 오늘 분단의 현실을
뭐라고 생각할까

잘했다고 할까? 못했다 할까?
말 좀 해보세요 입이 있으니 말 좀 해보라니까요
가슴 시리고 억장 무너지는 일이 어찌 아니랴
오래 살다 보니 별꼴을 다 보고 산다
한 종족끼리 어쩌다 이렇게까지 됐을까
유구무언이다
남북 분단 책임 서로 전가하지 말고
하루바삐, 아니 일분일초 바삐 통일해야 하리라
우리끼리 합치겠다는데
타국 것들이 웬 간섭이냐 양심 없는 것들
이 세상천지 동족끼리 원수가 된 나라가 또 있느냐
부끄럽고 부끄러워 낯을 들 수가 없다
우리의 나라꽃이 무궁화[槿化]다
무궁화는 신라 때부터 나라꽃이었다
동방에 근화가 피는 땅이 신라다
무궁화의 덕목은
안여순화(顏如舜華)
아침 햇빛에 밝은 미소로 화답하는 꽃

백절불굴(百折不屈)의 용기로
떨어지면 또 피우고,
피고 지고, 지고 다시 피는
무궁토록 번영해가는 겨레꽃이다
그리고 겸양지덕(謙讓之德),
겸손하고 사양하는 미덕을 가진 꽃
비록 자갈밭에 심어져도
더 깊이 뿌리를 박고,
여분의 땅이 있으면
옆자리를 내어주고 양보하는 꽃
궁하여도 결코 남을 넘보지 않는
겸양지덕의 꽃이 무궁화다
그 덕목을 갖춘 근화향(槿花鄕)이 조선 땅이다
그 무궁화의 나라꽃이 피는 조선 땅에
동족의 분단이란 말이 웬 말이냐
피를 토할 일이다
서로 양보하고 겸손한 마음으로 통일하자
한겨레의 겨레붙이가 우리가 아니더냐

지체 말고 한겨레의 양심을 짓밟지 말고
통일해야 한다
반드시 통일해야만 한다
한겨레 한민족의 지상명령임을 바로 알고 행하자
그 준엄한 명령을 반대하는 놈이 있으면
아가리를 찢어야 하리라
울면서 울면서 하소연한다
국토 통일, 민족 통일, 조국 통일을 해야 한다,
반드시 해야 한다
세상을 살다 보면 잊고 사는 일이 너무 많다
조국 통일을 잊고 살 뿐만 아니라
그 외도 자기도 모르게 잊는다
일부러 잊을까만 자의식 타의식이든
잊지 말아야 할 것을 잊는다
항용 우스게말로 '잊는 게 천재다'란 말도 있다
나쁜 것을 다 기억하면 죽는다는 말이다
잊으면 마음이 편안하고,
애써 잊으려 아니해도 망각하는 것이다

개인 일도 또 나랏일도 세월에 묻히어 잊혀진다
우리 역사상 불미스런 많은 사실과 사건들을
싹 잊고 살아간다
불미스럽고 수치스런 사실과 사건들은
나랏정신(혼)에 도움이 되지 않는다
차라리 잊고 사는 게 낫다
사실 우리 조선 사람의 몸을 만들고 있는 세포들
DNA는 순수하게 선한
긍정적인 소인(所因)의 DNA로 구성된 것은 아니고
부정부정(不淨不正)스런 소인의 DNA도 들어 있어
희고 또 검은 속성이 함께 들어 있어
정의가 죽고 억칙이 통하는 사회가 되기도 했다
동서노소의 4색 당파싸움이 그렇고
오늘날 백성(국민)은 뒤로하고
정파 싸움에 여념이 없는
나랏님들의 꼴이 그렇다
이 모두가 윗대서 물려받은 소이의 DNA 때문,
그 내림 때문이라면

누가 누구를 탓하랴
망칙스럽고 망신스런 일이 극에 달해도
부끄러운 줄 그걸 모른다
아니 알면서도 안면몰수하는 것이다
그래서 이런 시조(時調)가
"까마귀 싸우는 곳에/ 백로야 가지 마라
성낸 까마귀/ 흰빛 새우나니"
시샘이 나라 망신시키는 걸 왜 모르나
적어도 나라꽃이 무궁화인 나라 땅에
분단이 웬 말이냐
남의 나라를 갈라놓은 놈들
나라를 갈라 이 지경으로 만들어놓은 놈들
국민의 삶이 어떠하든 난 몰라라
정파싸움에만 골몰하는 놈들
이 개떡 같은 놈들 엿이나 먹어라
한생 삶도 잘 살면 정승 같고
잘못 살면 개떡 같다
무애 양주동 선생은

전공은 영문학을 했지만
그러나 생각한 바가 있어
조선 민족의식이 몸에 배어
조선의 고가 〈신라 향가〉를 연구하고
고려의 가요를 연구해
『고가연구』『려요전주』 두 권은
이 나라의 보배스런 서적이 되었다
자신도 〈조선의 맥박〉의 시를 써서
조선의 민족의식을 구하고자 했다
그의 민족문학론은
조선의 환경전통문학론에서 구하고 있다고
백철(白鐵) 교수는 강조했다
나 또한 무애 선생의 제자로서 민족을 의식해
이 「조선(朝鮮)의 넋」을 쓰고 있지 않나 한다
무릇 인간사회란 그 시대와 그 환경풍토에서 이뤄진다
사회구성은 환경과 시대를 저버리지 못한다는 말이다
우리나라 사회는 항용 가까운 세월에서 보면
농경사회 산업사회 과학사회 정보사회로 나눠진다

그래서 농경사회에 살아온 사람들의 사고(思考)는
오늘의 사회에 산 사람들과 사뭇 차이가 난다
아, 그때는 그랬구나! 하면서 뒷날에 깨닫는다
손발로 농사를 짓던 농경사회가
그리 오랜 세월이 아니다
그 뒤를 이은 산업사회에 기계를 사용해서
대량생산이 가능했다
대구를 비롯한 방직공장들이 베를 짜서
대량공급을 한 것이 효시가 되었다
산업사회와 기계 사용은 뗄 수 없는 인연으로
농업이 공업(工業)으로 바뀌는 시점에서
핫바지가 양복으로 복장이 바뀌짐은 물론이고
교육, 문화, 경제, 따라서 정치와 사상 등
모든 사회환경에 변화를 실감하고
그리고 통상과 무역이 이뤄지고
산업사회에 산 인간들의 가치관에
큰 혼돈이 눈에 보이지는 않지만
실로 지대하다고 하리라

핫바지 복색과 넥타이를 맨 양복 신사
긴 치마저고리의 규수가
짧은 스커트 신세대 아가씨로 바뀌는 격세지감!
세월의 추이(推移)는 나도 모르겠노라
1차 세계대전, 2차 세계대전이 거쳐 가는 동안
우리 조선인들은 그동안 무엇을 했던가
세계 조류를 절감하지 못하고
기껏 당파싸움에 골몰하고
성리학(性理學)의 고정관념(固定觀念)에 사로잡혀
입씨름이나 하고 있을 때
미구에 닥친 일본의 침략의 뜨거운 꼴을 보게 된 게
개탄스럽고 한심스럽다
나라를 빼앗기고도 정신 못 차리고
또 나라를 찾아놓고도 정신 못 차리고
나라를 두 동강으로 갈라놓았으니
대체 무슨 말로, 무슨 입으로 변명하려는가?
죽지 못해 살아온 분단의 서러움, 분단의 세월을
무엇으로 보상받으리요?

그래도 다행한 것이 있다면
남녘에는 민주주의 이념을 받아들여
헌법을 만들고, 삼권 분립의 정부를 세우고
법 앞에 평등한(공평한) 한 법치국가(사회)를 만들고
자유로운 시장경제를 주창해 사유재산이 허락되고
그리고 단군시대로부터 시작하여
윗대 대대로 물려받은 근면성으로
뼈 빠지게 노력한 덕택으로
이만큼이나 밥술을 뜨며
복락(福樂)을 누리고 살게 되었다
아, 하늘이 무심치 않았구나 하는 생각을
지울 수 없다
사회주의(공산주의)의 이념을 받아들인
북녘땅은 우리가 아는 대로
우리가 보는 대로
애처로운 현실 그대로다
우리가 살면 얼마를 사나
백 세를 못다 사는 일생

남북이 아옹다옹하며 살 게 뭐 있나?
“그리우면 돌아오세요”
“보고 싶으면 돌아오세요”
임진강변에 쳐진 철조망을 붙들고
서럽게 서럽게 울었지만
끝끝내 통일된 나라를 못 보고 죽을 것인가
하늘이여, 땅이여
이 나의 통곡 소리가 들리지 않는가!
이 나의 피 울음소리가 들리지 않는가!
한스럽고 한스럽다
조선민족이 살아남은 역사를
찬찬히 살펴보면
그만한 민족의식이 밑바탕이 되었고
오늘날 사회가 있기까지 민족의식은
학술적으로 논해보면
아래와 같이 설명이 가능하리라
영국의 사학자 아놀드 토인비는
동양에서 볼 게 있다면 그것은

씨족사회(氏族社會; Family System)란 점이라 했다
특히 씨족 관념이 강한 곳이 조선 땅이다
우리 조선사람은 촌수와 항렬로 대변되는
씨족 관념에 투철하다
종족(宗族) 또는 씨족관(氏族觀)은
한생 삶(生活)의 근본처럼 여긴다
한 가정을 지키는 가족사회
또 한 씨족 지키는 씨족사회는
같은 성(姓)을 가지고 뭉쳐진
그 고유한 특색은 두드러진 조선 혼이다
성씨(姓氏)를 저버린 삶은
자기 인생을 저버린 것처럼 여겼다
성씨를 절대시한 그 이유는 뭘까
유교(儒教)의 사상에서 왔다고는 하나
유전인자에 연유한 생리학적 이유가
더 타당할지도 모른다
성씨가 같은 동성끼리 모여 사는
집단 거류하는 그곳에는

그들만의 엄격한 윤리(倫理)가 존속해
그 윤리 앞에 옴짝달싹 못 하고 사는 것이
바른 삶이라 여겼다
출세를 하면 가족도 가족이지만 씨족의 명예다
그 명예를 족보에 써넣어 자랑으로 기린다
한국의 봉건사회의 씨족 관념 또 씨족 윤리는
논리적으로 맞지 않는 것이 많다
한 가정에 3대(三代)가 함께 살면서
선후에 대한 별난 질서는
씨족사회에서만이 통하는 윤리가 된다
나이 어린 아재비에게 나이 많은 조카가 깍듯이
존대를 바쳐야 한다
씨족사회 항렬과 촌수는
논리적으로 모순이 많음은 물론이지만
허나 조선사람이라면 달게 받고 살아간다
씨족사회 속 겸손과 이해는 알
면서도 모를 듯한 혼돈으로
차라리 그 혼돈이

윤리의 덕목에 멋스럼을 주는 듯도 하다
그리고 친가, 처가, 외가까지 챙기는 촌수는
더욱 기구가관하다
씨족사회의 관념이 이토록
조선 혼에 깊이 뿌리박고 있음을 우리는 목도한다
또 조선의 넋에 지대한 영향을 끼친 것이 있다면
뭐라 해도 교육 문제랄 수 있다
가르치고 배우는 교육 문제는 인간 됨됨의
필요충분조건이다
시대에 따르는 교육(가르침)의 내용은
변천하고 또 변천하여
그때그때마다 다른 이념(理念)이 만들어지고
그 이념에 따라 행동에 옮긴다
불교, 유교, 기독교 그리고 기타 종교의 가르침은
재론할 필요가 없고
학교교육에는 기초과정과 전문과정이 따로 있어
점진적 순서를 밟아간다
우리 조선의 교육변천을 상고하면

고려는 불교의 가르침이 주효했고
이씨조선 시대에 가르치고 배우는 교육은
유교적 교육으로 서원과 서당에서 이루어졌다
교과 과목이라면 아시다시피
공맹의 가르침 사서삼경을 비롯한
중국 땅 현인들의 철학이 텍스트가 되었고
특히 정자 주자가 만든 정주학(성리학)이
과거시험에 교과과목이 되었다
한때는 한문으로 쓰인 유교경전의 가르침과
서양에서 도래한 현대교육이 공존한 적도 있다
그리하여 옛날사고와 현대사고의 혼돈은 말할 것도 없고
가치관의 혼란은 마땅한 결과라 할 수 있다
허나 시간이 약이 된다더니 시간이 흘러
그 혼돈 그 혼란은 빠르게 말끔히 사라져
다행 중 다행이다
지나간 책은 고전(古典)이 되어
우리 문화사(文化史)에 길이 남는다
세계고전 서양고전 동양고전

그리고 우리 조선고전의 서책들은
역사 속에서 길이 빛나고 있다
조선 고전들이 조선의 넋에 크게 기여함이란
두말 할 것이 있겠는가
최근래 컴퓨터의 존재로부터
받는 정보교육도 같은 변천을 밟는다
생각해보면 교육과정의 변천은 격세지감을
눈에 보듯 절감한다
고대로부터 그 국가의 발전은
그 나라 사람들의 교육에 달렸다 했던가
그 다음에, 조선의 넋(정신)의 조성(造成)에
문화예술 분야를 보면
순종 조선 문화예술 중
음악 예술의 한 예를 들어 보자
가야 시대 우륵의 가야금 얘기다
충주의 탄금대(彈琴臺)는
대가야(大伽倻)인인 우륵(于勒)이
가야금을 타던 곳으로 유명하다

나라가 망해 신라에 병합(서기 562년)됨에
신라 땅으로 망명한 우륵은
손수 만든 가야금 12줄로 된 국산 악기를
연주하며 망국의 한을 달랬다
가야금 음률의 가락이 너무나 아름다워
왕후장상은 물론이고 평민의 가슴에까지
뜨거운 감동으로 다가서
우륵선생을 높이 추존했고
예술가로 존경받는
귀감이 된 인물이 되었다
우륵 선생의 음악은 신라의 대악(大樂)이 되어
오랜 세월 전수되어 많은 제자가 그 뒤를 잇고
가야금이 내는 청아한 소리[音]는
밝은 달 아래 흐르는 맑은 강물 소리만큼이나
청아(淸雅)하고 고고(孤高)하였다
망명국 살면서도 조국(대가야)의 이름을 따서
가야금(伽倻琴)이라고 명명(命名)하였으니
고향 그리움의 한은 조선사람이라면

그때나 지금이나 다를 바가 없나 보다
무릇 한이 뼛속 깊이 서려야 악사가 타는
가야금 12줄의 현(絃)이 구슬프게 울 게 아닌가
낙동강 끼고 길수로왕의 형제들이 세운 부족국가들
6 가야국에 우륵의 가야금의 전래로 인한 공으로
한 사람의 악인의 혼으로 남아
조선 땅 사람들의 거룩한 넋이 되었다
다음, 우리 조선의 넋뿌리 조성에 뺄수 없는
순종 조선산(朝鮮産) 이데올로기라면
동학(東學)이 있다 천도교의 동학은
조선 땅에 자연 발생한 것으로
조선 정신사에서 놓칠 수 없는
귀한 사상(思想)이고 교훈이다
나라 안팎이 어지러운 난세에
홀연히 신라고도 경주 땅에
수운 최재우(崔濟愚) 선생(순조 24년 : 서기 1824년)은
그는 "오도(吾道)는 천도(天道)이며
학(學)은 즉 동학(東學)이다"라고 외치며

근대적 민족국가 의식으로 민족적 종교(천도교)
동학운동을 펼쳤다
당시 부패한 유불교와
새로 들어온 종교(천주교)를 통칭해
서교(西教) 서학(西學)이라면,
그에 대칭으로
우리의 종교와 동학(즉 천도교)이 된다
최재우 선생은 민족의 자각을 외치며
새것을 찾되 "남(他)에게서 찾지 말고
나(我)에게 구하자"
그의 외침은 주목할 만하다
동학사상의 교세(教勢)가 날로 번창하여
마침내 동학난에 이르게 된다
당시 양반사회의 부패와
불안한 국내외 정세에 기인한
동학난은 왕권사회에선 실로 큰 우환이었으나
민권사회에서는 대혁명으로 치부되어
동학난의 장수 녹두장군 전봉준을

우리는 오래 기억하고 있다
"새야 새야 파랑새야 녹두밭에 앉지 마라
녹두꽃이 떨어지면 청포장수 울고 간다"
파랑새는 일본군을 뜻하고
녹두는 전봉준, 청포장수는 백성을 가리킨다
전봉준이 처형당하고
온 백성들이 따라 울었다고 한다
또 민족의 얼(혼)의 형성에 빼지 못할 사람은
이순신 장군이다 진술한 바 있지만
선조(宣祖)왕 임진왜란 때
전라좌수사(全羅左水使) 이순신 장군이
거북선(龜船)을 만들어 연전연승했음에도
동료 장수의 모함으로 옥살이를 하고 나와
초췌한 몸으로 다시 백의종군하면서
"아직도 전선(戰船) 구 척이 남아 있으니
사력을 다하여 항전하면 막아낼 도리가 있습니다"
"미신(微臣)이 죽지 않는 한
적이 감히 허수히 볼 수 없을 것입니다"

장계(狀啓)를 올려 전투에 임했다니
그 위국충절의 충성심은 하늘도 감동했으렷다
나라를 구하고자 목숨을 바친 순신 장군의 민족호운
영원토록 존경받음이 마땅하리라
더욱 먹은 마음을 굽히지 않음은
더욱 갸륵하다고 하겠다
바다(海洋)의 개척에 큰 공을 세운 장수는
또 한 분 있다
신라나라 장수 장보고(張保皐)다
통일신라 때 중국의 지금의 산동성(강소성) 연안에
신라인들이 이민해
그들의 집단 거류지로 신라방(新羅坊)이 건설되었다
거류민들은 문등현에 세운 법화원에서
겨울 여름 두 계절 강좌에
참여하는 자들이 많았으니
그 법화원의 창건자가 장보고다
장보고는 젊은 나이로 당(唐)나라에 건너가
일소장(一少將)으로 활약했는데

당시 중국인 해적이 신라의 해안에 출몰하여
상선을 침탈하여 주민을 잡아가서
당토에 노예로 팔아먹어
이에 분개한 장보고는 당의 관직을 버리고 돌아와
왕(흥덕왕 3년)에게 고하여
군사 만 명을 이끌고 청해(완도)에 진을 치고
해적을 소탕하니
조선 바다는 조용해졌다
장보고 장군은 이를 기회로 삼아 선박을 많이 지어
청해진을 근거지로 해상왕국을 건설하고
중국과 일본 양국에 대대적으로 무역하였다
신무왕에게서 작호를 받고
다음 문성왕이 그를 청해진 장군으로 삼았다
장 장군 사후에 장군의 후예들에게
일본은 교역에 관대함을 보였다고 한다
그렇다, 역사적 사실이 어떠하든 그건 지나간 과거사다
그러나 푸른 바다를 배경으로 삼아
해상통상을 연 사람은 장보고 장군이다

장보고는 장군을 넘어 해상왕으로 불리우는 것은
그저 얻어진 게 아니다
또한 한 사람 순수무구한 인격을 가진 분으로
조선 얼의 본보기가 된 사람은
의인(醫人) 허준(許浚) 선생이다
조선 최고의 의원은 누가 뭐래도
구암(龜巖) 허준(許浚) 선생이다
그가 저술한 조선 최고 의서『동의보감(東醫寶鑑)』은
2009년에 유네스코 세계기록문화유산으로 등재됐다
특히 그가 유명인이 된 것은
그의 공이 큰 것은
한자로 된 의서를 한글로 편찬한 언해판본으로
『언해 구급방』『언해 두창집요』『언해 태산집요』등
많은 저술을 남긴 대학자로
조선의 얼을 실천에 옮긴
애국자임에 틀림없다
『동의보감』의 동(東) 자는 조선(한국)을 지칭하는 글자로
진실로 조선의 보감을 써낸 큰 학자다

광해 7년(1615년 11월 13일)에 내린 익사공
보국승록대부 정1품 최고의 품계
정승벼슬에 오른 것이
사후(死後)의 일이었다면 기찬 일이 아닐 수 없다
진정 그는 성공신(聖功臣)이다
그까짓 벼슬이 문제랴
살아생전 그의 인품과 실천 행동은
그의 책임과 임무를 다한
성인의 그것과 다름없었으니
과시 그 인물됨을 알 수 있으렷다
맑고 밝게 살기가 그리 쉬울까
서얼차대의 시대에 태어나
서인으로 받은 고통과 대접이 오죽했으랴 싶다
생각사록 눈물겹다
쓰잘 데가 하나도 없는 양반들의
하시(下視)와 천대에도
아랑곳하지 않고
묵묵히 자기의 길을 가면서 대업(大業)을 이루어낸

의인성인(醫人聖人) 허준 선생!
깊은 존경을 드립니다
바로 이런 분의 넋이
조선의 전형적인 넋이 아니고 무엇이랴
이렇게 '홍익인간' 단군국시를 챙겨
한생 의롭게 산 사람이 몇이나 될까?
생각사록 구암선생이 존경스럽고
아련한 그리움이 가슴에 쌓인다
그리고 또, 언급이 불가피한 인물이 있다면
그 이름도 고결한 성삼문(成三問)이시다
그의 어머니 박씨가 꿈속에 들었다는 얘기로
하늘에서 "낳았느냐" "낳았느냐" "낳았느냐"고
큰 소리로 3번이나 물어
이름을 삼문(三問)이라 불렀다고 한다
그의 호가 매죽헌(梅竹軒)으로
지조를 상징하는 매화나무와
절개를 상징하는 대나무를 좋아해 만든 작호다
어려서부터 머리가 좋아 18세로 생원시에

또 21세에 문과 과거에 장원으로 합격하고
세종임금의 명을 받들어(1443년)
집현전 학자들과 함께
훈민정음을 만드는 데 큰 공을 세운 분이다
그는 음운학자인 황찬(黃瓚)을 만나기 위해
13번이나 요동을 다녀왔다
황찬은 명나라 학자로 요동에 유배된 사람이다
분골쇄신의 노력으로
드디어 최초의 음운서(音韻書)인
『동국정운(東國正韻)』이 편찬되었다
유독 학문을 좋아하던 세종대왕을 보필하며
문종 단종을 섬긴 학자로
오직 충성심 하나로 한생을 살아온 올곧은 선비다
비록 수양대군에게 육시로 죽임을 당했지만
그는 하늘이 낸 충신임은 분명하다
불사이군의 그 충성심은
하늘이 알고, 땅이 알고, 사람이 다 아는
조선 땅의 유일무이(唯一無二)한 충신이다

화자가 가급적 왕조사에서
정치인을 배격하려 했으나
허나 만고충신 성삼문만은 어쩔 수 없이
언급했음을 고백하는 바이다
왜냐하면, 성삼문과 같은 올곧은 선비의 정신을
모두가 본받아야 하기 때문이다
그가 죽음을 맞아 쓴 절명시를 소개하면
격고최인명(擊鼓催人命) 회고일욕사(回顧日欲斜)
황천무일점(黃泉無一店) 금야숙수가(今夜宿誰家)
"북소리 높이 울려 사람의 목숨 재촉하는데,
고개 돌려 바라보니 해는 서산에 걸렸어라
황천길에는 주막집 하나 없다 하니,
오늘 밤에는 누구의 집에 쉬어갈 수 있으랴"
그러면 예서
다시 단군왕검 기원(起源)으로 돌아가보자
단군(檀君) 조선의 개국시조로 모시는
단군설화(檀君說話)는
사서(史書), 『삼국유사(三國遺事 卷一)』에 수록된

고기(古記)에 전한 바다
『세종실록지리지』에 실린 단군고기(檀君古記)도
그 내용이 거의 동일하다
단군시조설은 우리 국사의 첫머리에 실릴 정도로
중요한 사건(사실)임은 말할 것도 없다
단군왕검(檀君王儉)의 '왕검'은
존칭사에 불과하다(최남선)
그 내용을 다 소개하진 못하지만
'開國號朝鮮'으로 적혀 있어
우리나라 국명이 오늘날까지 조선이 되었고
우리는 조선사람이고
내가 지금 적고 있는 이 장시도
「조선의 넋」으로 명명(名命)하였다
단군시조에 대한 유래와 출생에 관한 기록이
설화적이긴 해도 어느 나라 시조의 유래설도
신화전설(神話傳說)로 시작됨은 다 아는 바이다
아마도 시조(始祖)의 유래와 출생은 범인과 달라
신이비상(神異非常)한 양으로 믿고, 또 전해진다

중요한 것은 『단군고기』에 적힌
“貪求人世 父知子意 下視三危太伯 可以弘益人間”의
기록으로 보아 우리 고대 선조들이 개국국시를
‘홍익인간(弘益人間)’으로 삼고자 했음은 분명하다
그렇다, 우리 조선 민족은 ‘홍익인간’을 국시로 삼은 민족이다
홍익인간이 뭐던가
널리(크게) 인간을 이롭게 하는 소망이
태초부터 있었던 것이다
모든 윤리와 도덕의 원천은 ‘홍익인간’에 있다
뭐라 해도 우리 조선사람은 단군의 국시대로
홍익인간의 본분을 다해야 함이 마땅하다
흰옷을 입기를 자랑하는 백의민족(白衣民族)은
동족끼리 서로 사랑하고 덕을 베풀며
널리 사람에게 이롭게 선정을 베푸는 민족임을
엄중히 자각해야 하리라
뒤를 이은 기자조선, 위만조선 발흥사는
고조선 때 한낱 씨족적
공동체가 만들어낸

무근거한 설(說)에 불과해
애매모호한 사실이 되었는가 한다
우리 민족(한국 민족)의 구성의
먼 근간적 요소를 찾는다면
예맥부터 상고한다
예맥(濊貊)은 중국 고전『시경』『논어』『중용』『맹자』)에 나타난다
맥의 약칭은 그들의 주거 지명에 따라 생겨
예를 들어 고구려예맥이라든지 동부예맥 하면
우리 선민(先民)을 자랑하는 칭호(稱號)다
예맥어(語) 중에는 몽골족 만주족 터키족
그리고 조선족의 언어들이 포함되어
이들은 우랄알타이어군에 속하는 종족들로
혈연적으로 가까운 종족들임을 입증한다
다시 말하면 같은 조상을 모신 민족들임을
증명하는 것이라고 말할 수 있으리라
석기시대 초 · 중기로부터 원조선족 예맥은
대륙 북방 땅에서 동진하여
한반도에 들어오게 되었으니

그때가 신석기시대가 된다
우리 선민(先民)들은 구석기시대를 경과하고
신석기 기술을 습득하면서
수렵과 채취경제(採取經濟) 생활을 하면서
차츰 동진한 것을 볼 수 있다
동진해 내려온 코스는(3가지로 짐작하지만)
어느 코스인지는 짐작키 어렵다
다만 여기서 중요한 사실이 있다면
우리 언어가 우랄알타이어군에 속하는
소리글(교착어(膠着語))이고
높낮이가 있는 차이나(중국) 어군인 뜻글이
아니란 것을 알 수 있다
소리글과 뜻글의 차이가 현저히 다르길래
우리 문화나 문학작품이
소리 나는 대로 적는 작품이고 보면
우리글과 문학이 어떠해야 된다는 것쯤은
짐작이 가리라 믿는다
우리말로 쓴 우리 문학의 표현양식이

중국화 된 사대주의 문학이 되어선
결코 안 된다는 뜻이다
우리가 문자가 없을 때는 구처 없이
한자식(漢字式) 양식과 표기를 했다 해도
이젠 우리글(한글)이 있어
표기를 능하게 할 수 있음인 즉
한글문학의 작품이 날로 새로워지고
아름다워지길 기원한다
일침을 놓는다면 우금에 이르러
세기적인 모더니즘적 현대문학론에 따르든
우리 고유의 전통 문학사조와 문학론을 고집하든
그건 골똘히 생각해볼 일이고
다만 우리 조선인의 정체성을 저버리면 안될 것이다
우리는 우리다운 정서(情緖)가 따로 있다
문학의 효용은
정서(Imotional feeling) 순화임은 다 아는 바다
소월의 「진달래」와 정지용의 「향수」가 모방작품임은
아는 사람은 알고 있음인즉

그래도 괜찮다면 화자는 할 말이 없다
미국의 정신에 첫 번째 철학자로 뽑히는
수필가 에머슨(R.W. Emerson)은
그의 수필 작품 〈Self-Reliance(자부론)〉에서
"모방은 자살이다(Imitation is suicide)"라고 외치고 있다
자살행위를 하면서까지도 문학 할 필요가 있을까 싶다
여기서 꼭 짚고 넘어가야 할
빠트리지 못할 독자성은
고려청자와 이조백자의 독창성이다
조선 민족 독자적인 항아리로
둘의 민예품은 아무리 쳐다보아도 싫증이 안 난다
고려청자의 은은한 푸른 빛깔
이조백자의 담백한 백색의 윤나는 빛깔
그 무늬와 모양을 감상하다 보면(상상하다 보면) 어느새
그 매력의 삼매경에 빠지고 만다
그 모양새는 우리 조선사람의 기질과
천분(天分) 닮은 것 같고
빛깔과 그 항아리 굴곡의 곡선미(曲線美)는

마치 우리 특유의 건축술인
부드럽게 휘인 기와지붕의 곡선미를 닮아 있어
그 아름다움에 도취되어
무언(無言)의 감탄을 금(禁)치 못한다
아, 저 청자백자병에 담은 술맛이 어떨까 하고
상상의 날개를 펴면
나는 괜스레 어깨가 우쭐해진다
조선 민족 고유의 정서(情緖)와 지성(知性)이 엿보이는 듯
고상하고 멋스럽다
지붕의 처마가 곡선으로 휘인 쌍도리 기와집
대청마루에 앉아
'여봐라, 청자 항아리에 술 담아오너라'
꿀꺽꿀꺽 목으로 넘어가는 그 술맛 한번 좋다
얼씨구 좋다
역사(歷史)란 부단히 흐르는 연속성을 띠는 것이기에
그 역사에 있는 인륜(人倫)이나 문화(文化)도
연속성을 가지고 따라 흐른다
그 역사 속에 살고 있는 인간의 성취물들도 변하고

고대 중세 근대에 이르는 장구한 우리 역사 속에 일어난
무수한 역사적 사실들은
모두 당시 살았던 인간들이 만들었고
어찌 되었든 그 당시 상황이 만들어낸 전유물(專有物)로
오랜 세월의 변천과 변화를 거친
전유물임은 말할 것도 없다
역사의 평가는 먼 후대에 와서 정해진다
창조(創造)의 정기(精氣)는 소중하다
독창성이 민족의 정기(精氣)를 만든다
'모방이 자살이다'란 말이 있듯
또 '모방이 없는 독창(獨創)은 없다'는 주장에 맞서
허나, 주체성이나 정체성(Identity) 없는 모방(Imitation)은
또는 영향(Influence)은
우리 조선의 얼을 만드는 데 도움이 안 된다
지금까지 화자가 열거한 사람들은 모두 우리 역사 속에서
그들만이 가지는 깡기(용감성)로
조선의 정신을 살린 인물들이다
나라의 땅덩이가 너무나 작은 까닭에

강한 외세(外勢)로 인한 의지(意志)가
꺾일 만도 한데 그렇지 않고
뭔가 깡기로
독창성 또는 독창적 정신을 발휘한 인물들이다
조선의 바다는 늘 조용하지 않다
때로는 격랑이 일어 파고가 높지만
그러나 우리는 그 격랑의 파고를
거슬러 헤쳐나가야 한다
현실이 다급하다 보니 현실에 충실한 나머지
현실주의의 속성이 있어 탈이지만 그건
운명으로 받아들여야지 어쩔 수 없는 노릇이다
하지만 느긋한 강인성과
평화와 안락을 추구하는 향락성(낭만)도
함께 가지고 있다
어쨌거나 인간의 심성(心性)은 자연환경에서 만들어지고
우리 민족성도 우리 조선 땅의 자연환경에 의존되었음인즉
우리 조선 땅은 천혜의 복을 받아
풍광(風光)이 아름답기로 유명한 곳으로

어딜 가나 산수(山水)가 아름답지 않은 곳이 없다
함경도 고지(高地)의 개마고원으로부터 뻗어내린 바닷가
명사십리의 금모래를 밟다 보면
민족의 서기(瑞氣)가 어린 백두산이 우뚝 버티고 서 있고
그 밑에 오랜 고구려 도읍지인 평양이 자리해
민족의 정기가 두만강과 압록강에 감돌아 흐른다
아, 우리 조선의 조상님들의 그 발자취는
이곳으로부터 시작돼
애국가의 '동해물과 백두산이 마르고 닳도록'
백두산이 다 닳도록 자자손손 무궁히 번영할지어다
압록강 두만강의 뗏목이 뱃사공 노래가
귀에 삼삼 들리는 듯
유구한 역사의 숨결이
고구려, 고려의 바튼 숨결이
뻗치어 가슴속을 휘젓는다
황해도 묘향산 단풍은 그 아름답기로 이름이 났지만
그 숲속에 깊숙이 숨어 있는 성불사 절간에
풍경 소리가 그윽이 들려

땡그랑땡그랑 울리는 금속성 소리에
구경 온 나그네의 심금은 어지러워
잠 못 이룬다
아, 살아온 과거사가 한눈에 아롱거려
두 눈에 물기가 서리는 찰나일러라
"성불사 깊은 밤에 그윽한 풍경 소리
주승은 잠이 들고 객이 홀로 듣는구나
저 손아 마저 잠들어 혼자 울게 하여라"
나그네마저 잠들면 풍경 혼자 울리게 하란
아름다운 시상(詩想)의 아름다운 운치의 시다
강원도 하면 금강산과 설악산이 있다
지금 강원도가 두 동강이가 났지만
원래는 두 산이 함께 붙어 있어
그 유명세가 하늘을 찌를 듯 대단했다
이젠 금강산은 북에, 설악산은 남에 있어
그 아쉬움을 필설로 어찌 다 표현하리오
금강산의 사계 풍경은
천하에 으뜸이라 할 만치 수려해

정비석 씨의「산정무한」의 수감수필을 읽으면
그 산의 산정(山情)이 실로 무한함을 느끼게 된다
예로부터 그 수려함에 반해
조선 화백들이 줄지어 금강산도를 그렸다
비선대 만물상은 그림으로 그리나
또 문학수감으로 쓰나
그 아름다움은 방문하지 않았어도 짐작할 만하다
아무리 신의(神意)의 조화라 하지만
저렇게 아름다울 수가 있을까
아, 꿈에라도 가고 싶고,
꿈에라도 보고 싶은 금강산
우리 조선인은 너를 위하여 태어났는가 싶고
너를 못 보고 죽으면
저승에도 못 갈 것만 같아 가슴 저린다
황해도 해주의 긴 해안의 해변
은모래를 밟을 길이 없지만
동시 한 편으로 아쉬움을 달래기로 한다
"엄마야 누나야 강변 살자/ 뜰에는 반짝이는 금모래빛/

뒷문 밖에는 갈잎의 노래/ 엄마야 누나야 강변 살자"
설악산! 눈에 쌓인 악산! 설악산
겨울 설경이 그리 아름다워
이름을 그렇게 지었는가
뽀얗게 눈으로 덮인 설악산을 연상하면
당장이라도 쫓아가고 싶은 충동이 인다
평생 산에다 꿈을 묻고 사는 산악인이라면
설악산 치악산 관악산 모악산 북악산(백악산) 등
악(岳) 자가 붙은 산을 타지 않으면
산에 갈 맛이 없다고 말한다
화강암 돌덩이로 만들어진 산이길래
산세가 험악해 오르는 이의 숨이 턱에 치닫는다
산정에 길게 늘어선 병풍석 울산암은
주위 경관과 어울려 조화미가 극에 달한다
미신령 깔딱고개를 넘고
강릉 경포대 밝은 달빛을 완상하고
대관령 꼬부랑길을 숨 가쁘게 넘어 곧장 달려오면
지금의 수도인 서울에 닿는다

인구 천만이 넘는 대도회 서울!
한강에 걸린 다리들은
인근 마천루의 전등 불빛과 어울려
그 야경은 눈을 의심케 한다
바로 여기가 이씨조선의 5백 년간의 도읍지구나!
아, 무학대사가 자리 잡은 경성 땅
넓은 땅엔 옛 궁전들이 즐비하게 서 있고
거기다 현대의 청와대를 비롯한 관청들이
함께 서 있고
국보 1호인 남대문(숭례문)을 비롯한 4대문이
그냥 남아 있다
남산 위 높이 솟은 전망탑 불빛은
밤에 서울 전시가지를 밝힌다
오, 여기가 바로 그 서슬 퍼런 임금님과
오늘날 출세한 고관대작들
그리고 출세한 유명인들이 사는 곳이구나!
'출세하려면 서울(경성)로 가라'란 그 말이
예사로이 들리지 않는 터이다

서울 인근에 삼각산(북한산) 도봉산 불암산
청계산 관악산 등
등산 짐만 메면
어디라도 쉽게 찾을 수 있는 명산들이다
「서울의 찬가」가 귀에 쟁쟁 들리는 듯
서울에 사는 자부심, 서울의 낭만, 서울의 문화
서울의 출세, 서울의 대학교육,
서울의 호화스런 먹거리
서울의 유행이란 유행은 다 있어
기찬 곳이 아니던가
서울에 오면 신구(新舊) 문화를 한눈에 볼 수 있어
관광객이 득실거린다
그러나 서울에는 춥고 배고픈 걸인도 많아
대로의 땅바닥에 주저앉아 구걸하는
거렁뱅이의 참상도 있어
그게 무엇을 의미하는지 고개가 갸우뚱해진다
유산자(有産者)와 무산자(無産者)가 함께 사는 서울
성쇠의 영욕을 고스란히 간직한 서울

서울이여, 영원히 영화롭고 번창하라!
우리 조선인은 너로 인한 눈물겨운 감격이 있고
너로 인한 가슴 벅찬 자랑스러움이 있나니
자자손손 너의 그 의연한 모습 변치 말기를!
조선 땅 풍광이 아름답기로는
조선 땅 어딜 가나 '이하동문'이다
백두대간의 남북으로 뻗어 있는 산맥엔
명산들이 즐비하다
강원도 설악산, 오대산, 치악산
경기도 유명산 천마산, 수락산, 청계산, 관악산
서울의 목면산(남산), 도봉산, 북한산
경상도 태백산 소백산 가야산 팔공산 두류산
충청도 계룡산 월악산 주암산 부소산 대둔산
전라도 지리산 내장산 덕유산 무등산 유달산
제주도 한라산, 성산
산이 깊으면 골도 깊어
골짝 물은 강으로 흘러 강원도 동강 소양강 홍천강
서울의 한강, 경기도 한탄 임진강

충청도 금강 백마강
경상도 낙동강 남강 태화
전라도 영산강 섬진강
그 강들의 지류에는 샛강들이 수없이 뻗어 있고
또한 호수로 말하면 달이 오르는 경포호수, 물오리 뜬 춘천호수
가평 청평호수를 비롯한 아름다운 호수들 즐비해
철새들이 찾아와 먹이를 쪼아대는
아름다운 전원풍경이 절찬리에 소문나
봄 여름 가을 겨울 변화하는 자연경관의 감탄에
침 마를 새가 없다
동해와 황해 남해의 푸른 파도가
처얼석 처얼석 영구영속으로 치는 조선 반도에
찬란한 아침이 밝아오는
아침 조(朝) 빛날 선(鮮)의 조선이 아니랴
어여로 상사되요, 어여로 상사되요
산촌 강촌 경계가 좋을시고
강촌 산촌 인심이 좋을시고
강바람 바닷바람이 내 똥구멍을 간질이누나

어여로 상사되요
어여로 상사되요
그 신명이 좋을시고
맘 놓고 한잔하자꾸나
웃통 할랑 벗고 한 잔 드세나
어차피 먹고 먹히는 세상
누가 뭐라면 어때?
허리띠 헐렁하게 풀고
똥창이 얼얼하도록 마시자꾸나
아서라, 펴마셔 보자꾸나
내일 당장 산수갑산 가더라도!
그렇다, 인류 역사를 미루어 보아
인간이 비관적으로 살라고 한다면
그것보다 더 큰 죄악은 없다
비관적 세상은 멸망만이 남을 따름이다
무엇보다 인간은 낙관적으로 사는 게
인류 역사의 바람이다
어떤 현자, 어떤 성인이 있어

비관적인 인생 태도를 고집하는 주장이라면
그건 결코 바람직하지 못한
몰염치한 짓거리다
인간은 태어났다면 낙관적으로 살다 죽는 게 맞다
낙관적인 인생 태도는 아무리 강조해도
넘침이 없을 것이다
페시미스트(Pessimist)보다 옵티미스트(Optimist)로
한세상 살다 가면
그는 잘 살다 가는 사람일 것이다
하필이면 왜 슬프게 살다 갈 것인가?
낙관주의(Optimism)는 낭만주의(Romanticism)와 상통한다
낭만이 없으면 삭막한 분위기다
낙관주의자는 늘 낭만(Romance)을 사랑하고
좋아한다
웬 낭만이냐 하겠지만
낭만은 없는 것보다는 있는 게 낫다는 걸
모르는 사람이 있을까
죽어서 후회하지 말고

살아서 웃으며 살아가자란 말이다
낭만적인 예술의 기질을 한 예로 든다면
우리 국악 중 판소리의 운치를 들 수 있으리라
가수인 소리꾼이 부르는 판소리 창은
다른 어떤 나라에서도 들을 수 없는
조선사람만의 귀에 익숙한 가락의 노래다
거문고 가얏고 조선 현악기가
실실이 뽑아내는 가락에 맞추어
소리꾼의 목청이 돋구어지면
그 가얏고 소리에 맞추어
춤꾼(무용수)이 더덩실 추키는 어깨춤은
마치 창공을 나는 한 마리 학의 날갯짓처럼 유연해
흥과 멋의 입체적 여백미가 멋 떨어져 보여
스르르 녹는 아이스크림 맛처럼 달콤해져
신명에 겨운 아랫도리가 홍양홍양 우쭐거려
“내 못 산다마”란 말이 절로 튀어나온다
조선 얼에 숨어 있는 낭만적 발흥이 아니고 무엇이랴
이뿐이리오, 농악의 마당놀이는

우리의 격한 흥분제의 놀이로
그 함께하는 공감대는 조선사람 누구에게도 같아
머리털이 거꾸로 일어서는 흥분을 감출 길 없다
〈춘향가〉〈심청가〉〈흥부가〉〈별주부가〉 등
조선 가극의 소리꾼의 창이
좀 청승궂어 심란하기는 하지만
이 모두가 해피엔딩(Happy ending)으로 끝나는 것을 보면
어지간히 조선사람의 기질이 낭만적이다 싶다
낭만 그것은 은연중에 감추어져 있다가
계기가 되면 코안이 따뜻이 데워져
사랑을 데우고 주책을 떤다 싶다
다시 한번 말하지만
낭만은 없는 것보다 있는 게 훨씬 낫다고 말하리라
사람이 길다면 길고 짧다면 짧은 한세상 살면서
주어진 복이 따로 있어
생각건대 인간에 4복이 있다면
그건 천복(天福) 여복(女福) 재복(財福) 사복(死福)으로
천복은 타고나면서 하늘이 준 건강 복이고

여복은 살아가는 동안 두 여인을 만나게 되는데
한 분은 어머니(母)시고 또 한 분은 마누라(妻)다
뭐라 해도 현명한 어머니와 착한 마누라를 잘 만나야
복된 사람이다
재복이라면 돈이 많아야 한다
재산이 넉넉하지 않으면 할 일을 못 한다
물려받은 재산이 없으면 본인이 노력해 벌어야 한다
마지막 복은 죽는 복이다
사복은 죽을 때 고통 없이 죽는 것이 아니다
죽는데 무슨 복이 있느냐 하겠지만
그러나 죽음의 복이 제일 중요하다
첫째, 오래 살아야 사복을 잘 타고 나온 사람이고
둘째, 잘 살다 죽어야, 훌륭하게 살다 죽어야
죽어서도 존경을 받는다
사복이 없는 사람은 지저분하게 살다 죽어
사복을 못 타고 산 사람일 것이다
예를 들면, 자살한 사람 도둑질만 한 사람
불효한 사람은

바르게 삶을 살지 못한 사람이다
우리 조선사람들은
사람답게 살기를 원한다
사람답게 사는 사람을 원한다
사람답게(인간답게) 사는 것은
정의롭게 사는 것, 선하게 사는 것,
그리고 인간의 도리를 다하는 것 등
많은 의미가 있을 수 있으나
제일 사람답게 사는 이는
아마도 4복을 고르게 갖추고 사는 사람이 아닐까 싶다
인간으로 태어나 인간답지 못했다면
태어나질 말든지
태어났다면 나쁜 짓은 하지 말아야 할 것이다
4복이란 도덕적인 의미만 띤 것이 아니고
건강과 생활 태도, 넉넉한 재물의 인심
그리고 사후 남의 인식이 좋아야
사람답게 산 것이 아닐까
바라옵건대 4복 모두 두루 갖추고 한생 살기를…

4복을 언급했지만 못다 한 미련이 남아
다시 4복 풀이를 하고자 한다
제1복은 건강복이라면 천복(天福)으로
타고난 생리학적 체질은, 선천적 요인을 가져
후천적으로 어쩔 수 없을 게 아니냐 하겠지만
그러나 건강한 체질은 후천적 노력이 결정짓는다
항용 하는 말로
건강은 조절(Control)이고
예술은 조화(Harmony)라고 한다
건강한 신체는 자기가 하기 나름이다
많이 먹으면 살쪄 뚱보가 되니
적게 먹으면 될 일이다
요새 뚱남 뚱순이가 그렇게 많은지, 원
자기 자신의 조절이 필요하다
바싹 마른 약골은 그 반대로 조절하면 될 것이다
물질만능 시대 태어나
먹거리가 너무 풍족한 나머지 과식이 큰 문제다
국민 건강상 비만 체질이 많아

큰 고민이 아닐 수 없다
방송까지 먹거리 또는 먹는 모습을 방영해
왜 저럴까 하고 꼴사나워 얼굴이 찌푸려진다
약방과 병원이 많이 늘어나는 이유인즉
건강은 컨트롤(조절)이란 걸 모르는 것 같다
제2복 여복(女福)은 두 사람, 어머니와 처의 복으로
두 사람의 여인은 잘 만났으면 좋겠지만
그렇지 못할 수도 있다
하지만 두 사람은 나에게는 가장 소중한 사람들이다
생각해보라, 이 두 여인은 위대한 사람들이다
조선의 어머니만큼 위대한 분이 또 있을까
조선의 아내만큼 위대한 사람이 또 있을까
자기의 살과 뼈를 깎아 먹여 기른
자식들이 아닌가
어머니의 정성만큼 위대한 것은 없으렷다
어머님의 은혜는 하늘과 같은 것
무애 양주동 선생의 시 「어버이의 은혜」가
그를 증명한다

또 한 사람의 위대한 여인은
사랑하는 마누라다
조선의 아내는 자기희생의 화신이다
삼시 세끼를 고분고분 대령한
자기 처만큼 소중한 사람이 이 세상에 또 있을까
한생 반려자 노릇을 한 조선의 아내는 고달프다
그래도 그 고달픔쯤은 간 곳 없다
어머니와 아내 둘 중에
누가 더 소중한 사람일까? 하고
남편에게 묻는다면
글쎄다, 아내라고 대답하는 이가 많다고 한다
그 증거로 어머니가 돌아가실 때보다
아내 죽을 때가
더 슬프고 더 눈물이 난다고 한다
말하는 사람 나름이겠지만
두 사람 똑같이 위대한 분이라고 말하면?
어차피 아내는 어머니가 되는 것을…
조선의 어머니와 조선의 아내는 '하늘'이라는 것을

모르는 아들딸, 모르는 남편은 없다
실로 여복(女福)은 인복(人福) 중
가장 큰 복임은 분명하다
제3복 재복(財福)에 대해서 언급하면
돈이 많으면 좋다는 것을 모르는 이가 있을까
재복은 타고난다는 말도 있지만
그렇지 않고 노력하면 된다는 말은 쉽지만
그러나 아무리 노력해도 돈을 못 벌어
찢어지게 가난을 면치 못하는 사람도 있어
말하는 사람 나름의 의견에 불과하다는
그 말이 맞다
이보다 재복에 관한 하고 싶은 다른 얘기가
따로 있다
그건 청백리(淸白吏) 이야기로
조선의 청백리 얘기를 해볼까 한다
조선 청백리는 사람 됨됨이 똑바르고
맡은 바 업무수행 능력과
청렴 근검 경효(敬孝) 도덕 인의(仁義)의 덕목을

겸비한 관리에게 주어지는 호칭이다
청백리는 실지로 사간원의 수장이 천거하고
임금의 재가를 얻어 의정부에서 뽑았다
조선 대표적 청백리인
맹사성 황희와 이현보 최만리 이황을 비롯한
217명이 선정되었고
그들의 후손들은 음직으로
벼슬살이를 할 수 있는 특혜가 주어졌다
청백리라면 어떻든 청빈하게 산 사람이다
아무리 벼슬이 높아도 가난하게 생활하고
행실이 똑발라야 존경받는 청백리가 된다
맹사성과 황희 두 사람은
세종조 모두 정승벼슬을 했으나
두 분 다 비가 새는 낡은 집에서 살았다
재미있는 것은 두 사람 똑같이
태종에게 혼이 나서 곤욕을 치르고
다시 세종에게 귀염을 얻어 인정을 받아
큰 벼슬자리를 얻었다는 사실이다

그리고 두 분 모두 장수하여
맹사성 79세, 황희는 89세로 졸하였으니
가난하게 살고, 성격이 온유하고,
넉넉한 아량을 가진 분이
장수하는 것은 틀림없는 사실인 것 같다
장수(長壽)는 가난이 약이다
맹사성은 효행이 지극해
아버지의 병 때문에 사직했고
황희는 제상만 24년, 영의정 18년
조선 최장수의 제상이 되었다
그러면 예서
두 분의 인품 됨됨을 인정하는
예화(例話) 하나씩 들어보자
맹정승은 평소 검정소를 타고 다녔다
음악을 좋아해 검정소를 타고 피리를 불었다
사람들은 하도 복색이 남루해
제상을 알아보지 못했다
그 검정소 얘기는 이러하다

어느 날 맹사성은 아이들에게 괴롭힘을 당해
울고 있는 검정소를 데려다 돌보았는데
아무리 기다려도 소 주인이 나타나질 않아
그냥 집에 두고 기르며
그 소를 늘 타고 행차를 했다
훗날 맹정승이 죽자
그 소 또한 먹이를 끊고
그를 따라 사망했다
후인들이 말하길
짐승인들 어찌 정승을 몰라보겠냐고 입을 모았다
또 황희 정승의 일화다
세종조 황희가 영의정으로 있을 때
그 이름도 유명한 김종서가 공조판서였다
어느 날 공청에서 모였는데
김종서가 공조를 시켜 술과 과일을 내왔다
황희가 그 술과 과일의 출처를 물으니
하인이 시장하실까 염려되어
공조판서가 그것을 관비로 샀다고 아뢨다

황희는 불같이 역정을 내며
자리를 박차고 물러났고
훗날 김종서가 집을 찾아가 사죄했으나
그는 만나주지 않았다
제상들의 만류로 화해는 했으나
황희가 김종서를 불러 크게 꾸짖었다는 얘기다
이렇게 나라의 녹을 먹는 관리는
공명정대(公明正大)해야 한다
그리고 관리나 선비는 청빈(淸貧)이 그들의 삶임을
똑바로 알아야 하리라
오로지 인품(人品)은 청빈으로부터 나온다는 말은
듣기 좋으라고 한 말이 아님을 알아야 하리라
에머슨이 쓴 수필,
「보상론(Compensation)」을 읽어 보면 납득이 간다
서울에 살아서 좋지만 시골에 사는 사람도 행복하다
부자라서 행복하지만 가난해서 행복한 사람도 있다
따지고 보면 시골 사람이나 가난한 사람은
뭔가 상대적으로 그만한 보상을 받고 있다는 사실이다

시골에 살면 도회에 사람보다 공기가 맑고
없어도 양식 꾸러 가지 않아도 된다
그뿐이겠는가, 물 맑은 개울과 도랑물은 공짜다
공짜로 세탁할 수 있다
뭣보다 사치스런 것을 안 보아 좋다
좋은 게 얼마든지 있다
그리고 가난이 행복한 것은
첫째 도둑이 안 든다
둘째 돈이 없으면 밥 대신 죽을 먹으면 되고
셋째 돈이 없으니 남을 부러워하거나
시기심이 없어 좋다
넷째 돈이 없어 잘 못 먹으니 살이 안 쪄서 좋다
그 외에도 가난해서 좋은 보상은 얼마든지 있다
미국의 포말 에세이스트이며 철인(哲人)인
에머슨의 「보상론(Compensation)」을
꼭 한번 읽어볼 글이다
인간의 4대 복 중 사복(死福)에 대해선
참으로 할 말이 많다

사람마다 죽는 복도 타고난다 싶다
잘 살다가도 마지막 죽을 때
불명예스럽게 죽는 사람을 보면 딱하다 싶다
어떻게 잘 죽을까가 문제다
어떻게 명예롭게 또 의미 있게 죽느냐가 문제다
그냥 죽게 되면 죽으면 되지
죽는 것이 뭔 걱정이냐 하겠지만
문제는 불명예스럽게 죽어서는 안 될 것이 아니냐
병사, 교통사, 감옥사 등 별난 사(死)들이 많다
제발 바라건대
고의나 복수로 인한 죽음은 없었으면 한다
아마도 하느님과 염라대왕님도
그것만은 결코 용서치 않겠지
조선 역사상 사복(死福)을 잘 타고난 삶도 많지만
불명예스럽게 죽는 자들이
훨씬 더 많은 것을 보면
생각사록 마음이 어두워진다
최영 장군의 마지막 유언

이순신 장군의 마지막 유언
누구누구 등의 유언을 상기해 보면
정말 죽기가 살기보다 어렵는가 싶다
예까지 사복(四福)이 장황설(張皇說)이 되었지만
이 또한 조선의 얼 조성에 미치는 영향이 크다 싶어
길게 읊었을 따름이다
우리와 우리 조상님들의 넋(정신)의 본바탕은
무얼까 하고
역사를 뒤지고 또 찾아보아도
모를 것 같다
내처 모를 강물 속이다
깊고 깊은 강물 속이다
화자가 주워대는 얘기들이
아니 싯귀들이
다만 넋 바탕을 이해하는 데 도움을 준다면
화자(話者)는 그것으로 만족하리라
지금 심정은 솔직히
깜깜한 밤에 밤길을 걸어가는 심정이다

역사란 흐르는 강물과 같아서
여느 때는 잔잔히 흐르던 강물이
별안간 홍수를 만나 강물이 불어나면
세차게 흘러 모든 게 인사불성이 된다
산불이다 폭풍이다 지진이다 역병이다
날빛 밝은 날보다 궂은 날이 더 많다
유구한 역사 속에 흐르는 세월의 추이를 누가 알랴
하루도 뻔한 날은 없다
그래도 조선의 역사는 무작정 흐른다
떠나간 세월을 붙잡고 실랑이를 벌여본들
지나간 역사를 탓해본들
그때 그 사람들은 말이 없다
아무 대꾸가 없다
빈 산울림만 가슴속에서 메아리 짓는다
예로부터 흰옷을 즐겨 입은 백의민족(白衣民族)
한민족(韓民族)의 그 티없이 맑고 밝은 넋 바탕을
알 듯하면서도 모르겠노라
이 장시의 제(題)가 「조선의 넋」이다

넋이라면 죽은 자에게는 혼(영혼, Soul)이 되고
산 자에게 정신(精神; Spirit)이 된다
포은 정몽주의 시조 「단심가(丹心歌)」에
"이 몸이 죽고 죽어/ 일백 번 고쳐 주어/ 백골이 진토 되어/
넋이라도 있고 없고/ 임 향한 일편단심이야/
가실 줄이 있으랴"
이때의 넋은
영혼 불멸설(The doctrine of the immortality of the soul)의
혼(魂)이 넋이다
사람은 죽으면 육체는 없어져도 혼령(魂靈)은
남는다고 유가 불가에서 말한다
그리고 넋을 정신으로 보는 견해는
독일 괴테가 쓴 소설 「Dr. Paust」 속에
파우스트 박사가 12만 악마들에게 영혼을 팔아먹고
황야를 헤매고 있다
넋 나간 인간의 끝이란 가히 짐작이 가리라 믿는다
이때 악마들에게 빼앗긴 영혼은 '정신'이다
영혼이 없는 인간 즉 정신(魄)이 쏘옥 빠진 인간에게

무얼 바라겠는가
육체란 껍데기만 남아
허수아비 노릇일 수밖에 없다
넋 나간 인간에게는 죽음과 멸망만 남는다
따지고 보면
우리 인간은 언어와 사고(思考)가 있어 고등동물이고
또 우리 인간은 사고의 끝에
마음(心)이 머물러 고등동물이고
불교의 마음공부가 8만 법문의 대장경을 만들었다
그러나 마음만으로는 안 된다
마음보다는 영혼이 문제다
아무리 마음이 옳고 발라도
궁극적으로 영혼(문제)이 해결 안 되면
이 세상은 깜깜한 지옥이 되고,
종말을 고할는지도 모른다
사고(思考)→마음(心)→영혼(靈魂)
이 셋은 우리 인간이 공부할 영원한 숙제로 치부되고
또 이 셋은 종교가 지향하는 영원한 과제가 된다

넋이란, '조선의 넋'이란 무언간(無言間) 소중한 과제로
우리에겐 넋 찾는 일은 소중한 과제이고
우리 민족에겐 결코 놓쳐서는 안 되는
존재의식(存在意識)이 있다면
그것은 넋이다
만약 자기 민족의 넋이 무엇인지를
모르고 살아온 나라가 있다면
그 국가는 넋(혼) 나간 하등동물의 국가로
장래가 없는 불필요한 사람들이
사는 나라로 전락할 것이다
넋은 보이지는 않지만 조선의 넋이 뭔지 알아야만
앞으로 나아가고 꿈과 희망이 있고
갈 길을 갈 것이다
오늘날 넋 빠진 정치인들
넋 빠진 위정자들
넋 빠진 국가원수들
넋 빠진 과학자들 때문에
이 불쌍한 위인들 때문에

우리가 살고 있는 지구가 온전할런지
우리가 살고 있는 우주 질서가 온전할런지
누구도 장담하기 어렵다
혼이 쏘옥 빠진 사람들의 사고방식을
어찌 우리가 믿고 살 것인지
불쌍한 사람은 그들이 아니라 우리다
우리가 시(詩) 쓸 때
감성(感性) 이성(理性) 지성(知性) 외
영성(靈性)이 높이 자리해야 함은
더 말해서 무엇 하랴
세기의 미국 소설가 어니스트 헤밍웨이의
소설「노인과 바다」는
노벨문학상 탄 작품으로
넋 빠진 늙은 어부가
고래잡이 나서
그 거대한 고래를 잡아 거친 바닷물결을 헤치고
갖은 고생을 다 해 끌고오지만
종국에 육지에 당도해보니

그 큰 고래는 바닷물고기들이 다 뜯어먹고
뼈만 앙상하게 남았다
그 넋 빠진 늙은 어부의 실망이 어떠했으랴
늙은 어부는 이튿날 다시 닻을 감고 고래를 잡으려
망망한 대해(大海)를 나선다는 소설이다
이 소설이 주는 의미(주제)가 무엇일까?
물결 사나운 '바다(Sea)'는 우리 살아가는 세상 뜻하고
'노인(Old man)'은 그 세상에 살고 있는
우리를 지칭하고
'고래'는 그 험한 세상에서 연약한 노인이 추구하는
희망이 될 것이다
종국에 뼈만 남은 고래를 지켜보는
고래잡이 노인의
허무함이란!
희망이 사라진 니힐리즘(허무주의) 문학의 극치다
제1차 세계대전이 끝난 전쟁 후의 세상은
온통 니힐에 빠져 있고
그들의 문학작품 모두가 허무주의에 젖었다

험난한 세상(바다)을 살아가는 연약한 인간(노인)
상징한「노인과 바다(The Old Man and the Sea)」는
잃어버린 세대(The lost generation) 작가군의
작품이 바로 그것이다
영혼 없는 사람들이 저지른 제1차 세계대전 종말은
허무주의(Nihilism)만 남는다
전쟁은 언제나 넋 나간 사람들이 만든다
세계의 평화를 깨는 것도
넋 나간 사람들의 짓임에랴
혼(Soul) 또는 정신(Spirit)이 쏘옥 빠진 인간들이
핵전쟁을 안 일으킨다는 보장이 어디 있는가
넋 잃은 세상엔 죽음과 멸망만 남는다
오, 넋이 온전한 사람들끼리 모여 사는
세상에서 살고져라
기기묘묘(奇奇妙妙)한 꽃이 피고
열락(悅樂)의 새가 우는 곳에 살고져라
넋 나간 사람들이 허튼짓 안 하는
무념무상(無念無想)의 땅에 살고져라

평화스런 조선 땅에 오순도순 살고져라
희희낙락(喜喜樂樂) 살고져라
얼씨구 좋다! 지화자 좋다!
최근 대사를 돌아보며서 예서
'뼈 이야기'를 해볼까 한다
우리 몸을 유지하는 뼈대가
우리 삶을 유지하는 넋인 듯싶소이다
뼈다귀가 없는 홍양홍양한 사람
줏대가 없는 홍양홍양한 사람
이래도 좋고 저래도 좋은
중심을 잃은 사람을 자주 본다
실로 뼈대가 없이,
줏대가 없이 행동하는 인간은 재수없다
우금에도 넋이 쏘옥 빠져
뼈대 없이 행동하는 위인들을
주변에서 얼마든지 볼 수 있다
사람의 몸을 지탱하는 게 뼈대라면
나라를 지탱하는 뼈는 곧 넋(정신)인 듯

줏대 없는 인간은 거짓말이나 헛소리를 해댄다
이런 위인은 세상에 살아갈 자격을 상실한 사람이다
줏대가 없길래 강자(强者)에게 아부나 하고
권력자에게 빌붙어 사는 못난 인간들이다
뼈대가 없길래, 넋이 빠졌길래
갈팡질팡 되는대로 살아가는
그것도 한평생을 그렇게 살아가는 사람을 보면
가련하고 불쌍하기보다 재수없다 싶다
넋이 쏘옥 빠진 인간에게 무엇을 바랄까 보냐?
뼈대 있이 살기가 어렵고
바른 넋으로 살기가 어렵다
대저 정의(正義)란 게 뭔가?
죽어도 좋으니 뼈대 있는 삶을 사는
죽어도 좋으니 바른 넋으로 삶을 사는
정의로운 사람 그 사람이 지사(志士)다
고려조 포은 정몽주 선생이 그렇고
이씨 조선 성삼문 선비가 그렇고
두문동에 은거하며 생을 마친 선비들

사육신 생육신의 선비들이
뼈대 있는 지사들이 아니던가
뼈대 없이 길게 사는 삶보다
뼈대 있이 짧게 사는 삶을 택한 사람들이 그들이다
뼈대란 올곧은 성품에서 나온 것이겠지만
죽어도 좋으니
'바른 것은 바르다 그른 것은 그르다'라고 말하는
뼈대 있는 용기가 지사를 만든다
그래서 실로 뼈대는 소중하다고 말하리라
화자(話者)도 의리(義理) 하나로 산 사람이다
의리를 쏙 빼면 재만 남는 사람이다
그래서 이 「조선(朝鮮)의 넋」을 찾고
또 시로 쓰고 있는지 모르겠다
의리 찾다가 인생을 피곤하게, 고달프게 살아왔다 싶다
염(念)에도 없는 헛소리를
넋두리 한번 하고 나니 속이 시원하다
넋두리가 만병통치약인 듯 속이 시원하다
어여로 상사데요, 어여로 상사데요

천지지간 만물지중에 넋두리 타령이 좋을씨구
어여로 상사데요 어여로 상사데요
뼈다귀 타령이 좋을시고
밥맛 한번 기차다
끄르륵 트림 한 번 크게 하고 나니
똥구멍이 펑 뚫린다
줏대 없는 인간 개뼈다귀는 꺼져라
의리부동(義理不同)한 개뼈다귀는 꺼져라
나라 망치는 개뼈다귀 간신배는 꺼져라
한생 헛소리로 나라 망치는 위정자 개뼈다귀는 꺼져라
써억 꺼져버려라
사학자인 윤명철 교수의
'이씨 조선왕조의 지식인들을 고발한다'라는 글에서
신랄하게 성리학자들의 사고와 생활 태도를 비판하면서
그들 중에도 아웃사이더의
잠류(潛流)로 존재한 분들의 용기와 희생 덕분에
그나마 이 나라 백성으로 삶을 영위하고 있다고 주장했다
지당한 판단이고 명쾌한 견해다

그가 내세운 뼈대 있는 선비들은
이순신 김시민 곽재우 안창호 어재연 이상설
최재형 김교헌 서일 홍범도
이승민 박은식 신채호 서재필 김구 등 인물들로
그리고 교산 허균 매월당 김시습 연암 박지원 송강 정철이
줏대 있이 산 선비들임이 틀림없다
그리고 왕 뼈대의 인물은 뭐라 해도
안중근 윤봉길 이준인가 한다
그리고 나라를 구하고자 선뜻 나선 문인 뼈대라면
이육사, 한용운 윤동주 이상화 한흑구다
예술작품과 문학작품이
반드시 의로운 것만은 아니지만
그러나 그들은 그것을 택했다
빼어난 작품을 써서 들난 문인이지만
뼈대(줏대) 있이 행동을 하지 못해
안타까운 문인들도 있으니
이○○ 소설가 서○○ 시인 최○○ 평론가 등
그들의 난감한 처지를 어쩌면 좋을지?

자문자답을 구할지어다
세상은 요지경 속이라 하지 않은가
여기 변화(變化)와 변천(變遷)의
문제를 꼭 짚고 넘어가기로 한다
왜냐하면 '조선의 넋'이란 넋이
변화 또는 변천하기 때문이다
넋과 얼은 동의어로 정신을 말한다
넋은 정신(Spirit)으로 볼 때
정신은 눈에 보이지는 않지만 분명히 존재하고
그 정신은 시대에 따라
변화 내지 변천하고 있음을 목도한다
변화(變化)의 원뜻은
사물의 형상, 성질 등이 달라지는 것을 말한다
변천(變遷)의
뜻은 바뀌어 변하거나 옮겨서 달라짐을 말한다
언제나 시대의 변천은 있기 마련이다
변화와 변천은
둘 다 영어로는 'change'나 'transition'으로 쓴다

그러니까 달라지고 바뀐다는 뜻으로 해석하면 된다
하여, 조선의 넋도 달라지고 바뀔 수 있다
세상에 존재하는 어떤 것도 변화하고 변천하는 마당에
인간의 생각과 행위라고 그냥 있을 리 만무하다
다시 말하면 달라지고 또 바뀐다
우주 질서도 변하고
지구 안에 존재하는 모든 현상이 변천하고
그 안에 살고 있는 우리 인간들의
모습이나 사고방식도 달라지고 바뀐다
따라서 인간들이 만들어낸
학설, 사상, 학문, 철학, 지식, 도덕, 법은
말할 것도 없고, 고도의 과학이 만들어낸
기계 조작으로 인한 변화는 극심하다 하리라
있는 것이 없어지고, 없던 것이 나타난다
고정관념(固定觀念)은 지극히 위험하고 삼가야 하는
사고임을 바로 알아야 하리라
철칙이 있다면
'There is nothing not to change in the world'이다

가장 어리석은 것은 변하지 않다는 생각이고
가장 어리석은 자는 그것을 믿고 있는 사람일 것이다
'그때는 그런 것 같다'는 말을 상기해보면
옳고 그르다고 결론을 짓기 전에
고려(考慮)의 여지를 남겨놓은 말뜻이다
고구려의 국민성과 그들의 혼이
백제와 신라의 그것들과 상이한 것은
고구려가 처한 환경과 처지가
그만큼 격심한 사정이 있었기에
독수리가 그려진 깃발을 휘날리던 을지문덕 연개소문 등
궁수(弓手)가 말을 타고 달리는 벽화가 그려져 있다
고구려의 기상과 고구려의 민족의 얼(넋)은
하늘을 찌를 듯 용감했고 과감했음을 목도하게 된다
광개토대왕과 장수왕의 불사신의 넋이
그 넓은 중원 땅을 차지하게 된 게 아닐까
아 그리워라, 그때 그 시절의
고구려의 불굴의 혼(넋)은 어디로 가고
높은 구름만 북으로 달려가는가!

대왕의 돌비석 앞에 서서
눈물을 글썽이며
일그러진 비문을 바라다본다
신라의 화랑도 김유신 장군의 혼이 으르렁대고
백제의 계백장군의 넋이 황산벌에
아직도 시뻘겋게 눈을 뜨고 고함을 지른다
고구려의 넋을 고스란히 이어받은
고려(Korea)국은
왕건 임금의 큰 뜻이 이루어지는가 싶더니
후손을 잘못 둔 죄로
허망하게 나라를 날려보냈으니
그때 그 시절은 그랬던가 하며
나라의 명운이 거기까진가 싶으니
다만 제주도로 쫓겨 간 삼별초의 한을
비바리 해녀의 휘파람 소리로 달랜다
한데 이씨 조선 5백 년을 상기하면
말도 많고 탈도 많다 싶다
이성계가 함경도 출신이라 그런지

좀 우직하고 무식하다 싶어도
그런대로 나라를 잘 끌고갔다고 하면
내 말이 틀렸다고 할 것인가
웬 마누라를 여럿 두어 자손이 지려
자손들의 골육상쟁은 피를 불러 기구가관했다
왕권 계승과 귀족들의 양반사회는
부패할 대로 부패해서 썩은 냄새가
천지에 진동했다
4색 당파움은 마치 개싸움을 방불케하여
물어뜯고, 할퀴고, 모함하고,
오만 간교한 짓을 다 해
민중(백성)은 밥을 굶고
온갖 고통을 몸으로 받으며
억울하고 서럽게 살았다 싶다
임금들과 귀족들의 횡포는 극에 달하고
그들의 말을 안 듣는 사람은 주리를 틀고
역적으로 몰려 처참하게 죽임을 당했다
일일이 거론할 값어치조차 없을 정도로

악독하고 치사한 짓거리들 뿐이다
아무리 살기 위한 몸부림이고
어쩔 수 없는 명분이 있었다 해도
조선 역사상
나라 망신은 그들이 다 했다
더욱이 가관한 것은, 앞에 언급한 바 있지만
주자 정자가 만든 정주학(성리학)을 맹신한 것이고,
그로 인한 중국을 섬기는 사대주의는 나라 망신을 자초했으니
열 입이 있어도 할 말이 없으렷다
아무리 『왕조실록』이 있다 해도
『세종실록』만 빼고 읽어 볼 만한 게 뭐 있겠는가
골육상쟁으로 얼룩진 정치사(史)는
그리고 양반들이 거들은 당쟁사는
개가 들어도 웃기는 짓거리다
무엇 하나 본받을 만한 게 없다
그들의 정신머리는 기껏 양반 자랑일련가!
기껏 양반 뼈다귀 우려먹는 이야기일련가!
나라를 빼앗겨 죽어간 애국선열의

꾸지람 소리가 들리지 않는가
이씨 조선 5백 년은
우리 역사에서 싸악 지워져 버렸으면 좋겠다 싶다
도대체 그대들의 얼이라면 무엇일까?
아무리 생각하고 또 생각해도 떠오르는 게 없다
주변머리 없는 사람들 때문에 모두가 욕먹는 형국이랄까
생각하면 그리 먼 옛날도 아닌데도
언제부터인가 조선 땅에 살아온 백성들의 넋이
변천하여 말 잘 듣는 백성으로 치부되었다
말 잘 듣는 것은
말을 안 듣는 것보다는 낫겠지만
썩 마음이 내키지 않는 것임을 어찌하리오
오늘날 우리의 넋이라면
무엇이라고 말하고 싶은가?
뭉쳐야 산다고 외쳤지만
분단은 아직도 그대로다
요새 나라를 맡은 위정자들마다
외침이 다르지만 모두 그들의 희망 사항일 뿐이다

깜짝 일낼 사람들의 치적(治績)이
훗날 혹독한 비판을 받는 것을 보면
일낸 것(결과)이
반드시 얼이 되는 것은 아니다 싶다
시대정신이 틀렸던 것이다
앞서 언급한 바이지만
늘 넋도 시대에 따라 변하고
그 시대의 정신은 먼 훗날에 비판을 받아서
'아, 그때는 그랬구나' 하고 회상에 젖는다
변화와 변천은 어쩔 수 없이 거치게 되고
모든 것이 변천한다는 게 우주의 원리임에랴
오늘날 우리는 글로벌(Global)시대에 살고 있어
교통수단, 통신수단, 정보수단, 문화수단 등의 발달로
먼 나라가 바로 옆에 있듯 가까워져
국제사회에서 우리의 체면치레를 잘해야 하리라
나라의 체면치레는 소중하고 소중하다고 하리라
아무리 조선 방식의 우리 생각이 그렇다 해도
국제사회에 안위를 위하여

또 번영을 위하여
당연히 함께하고 협조할 의무가 있음인즉
그 또한 조선의 넋임을 바로 알아야 하리라
제멋대로의 오만방자한 사고와 행위는
글로벌시대 세상의 질서를 무너뜨리게 되고
위험한 결과를 낳게 되어
온 세상의 눈총을 받게 되어 있다
따라서 우리의 체면을 구기게 됨은 말할 것도 없다
UN의 기구들을 통한
세계 시민으로서의 본분을 다함이 마땅하다
널리 인간을 이롭게 하는 '홍익인간의 정신'을
잊어서는 결코 안 되리라
이민족(異民族)들과 사이좋게 지냄이
홍익정신임을 알아야 하리라
그건 그렇다 치고
하기사 걱정도 탈이라
푸념 하나 늘어놓아야겠다
나라마다 백성들의 넋이 다르고

시대마다 넋이 변천하여
그들 나라의 역사를 짓는다
어디까지나 그 나라 안에 살고 있는
인간들의 넋이길래
가타부타 어떻다고 막말을 할 수 없지만
가령 인도나라의 넋이라면
크게는 붓다의 가르침을 이어온 넋이길래
불교적 색채가 짙게 배어 있다
자비(慈悲)와 보시(布施)의 얼을
무언중에 읽을 수 있다
3000년 전의 가난한 소도시 국가에서
생긴 얼이 아닌가
또 가령 중국 나라의 넋이라면
춘추전국시대 태어난 공자의 가르침에 기인한다
빼앗고 빼앗기는 춘추전국시대 전쟁 속에
그가 설파한 슬로건은 착할 '인(仁)'일 것이다
인(仁)을 얻는 행동에는
예(禮)를 갖추는 길밖에 없을 것인 즉

인의예지(仁義禮智)를 갖추는 것은
그들 백성의 오랜 넋(얼)이 되었다고 하리라
2500년 전의 전국(戰國)에서
생길 얼이다
그리고 무력으로 정복하는 유럽의 깡패 나라 로마 시절에
태어난 그리스도의 슬로건은 보나마나 '사랑'이다
정복자에게 자비나 인(仁)이 통할 리 없다
'서로 사랑하라'란 어귀 속에는
희생정신(Sacrifice)이 내포되어 있어
나를 내어주는 희생정신(Self-Sacrifice)을
몸소 보여준 분이 예수다
그 예수가 태어난 게 2000년 전에 생긴 일이고 또 얼이다
그러니까 500년 단위로 성인(聖人)이 태어난 셈이다
그리고 이 세 분의 큰 어른들은
그 시대 그 넋에 부합한 가르침을 설파한 셈이다
그 시대정신은 어쩔 수 없이 변천을 거치게 되어 있다
불교, 유교, 기독교의 정신(넋)은 서로 달라
그들 종교에 속해 있는 나라 백성들은

주창한 어른의 큰 넋을 저버릴 수가 없나 보다
마치 우리 단군 조선의 '홍익인간'의 넋을 저버릴 수 없듯이
아, 아무리 시절이 각박해도
그 큰 어른들의 넋을 외면하고 저버릴 수 있을까
아무리 세월이 오래 흘러가도 넋은 남는다더니
그 말이 맞는가 보다
오늘날 조선땅에 불교 유교 기독교가 차례로 들어와
그 어른들의 넋을 기리고 있지만
그렇다고 우리 조선 땅에 태어나 살다간
어른들의 넋을 후손 된 우리가 어찌
저버릴 수가 있겠는가
본받고 또 본받아
그들의 넋을 기리고 살려 나가야
후손 된 도리를 다하는 게 아닐까
유구한 역사 속에 조선땅에 태어나
조선의 넋을 이어받아 몸소 익히는 일만큼
행복한 일도 또 소중한 일도 없을 것인즉
그게 조선 땅에 산 보람이 아니겠나

그게 조선 땅에 태어난 기쁨 아니겠나
이 장시는 내가 안 쓰면
누가 써도 써야 할 시임에랴
나 또한 미구에 역사 속에 사라져갈 사람임에랴
자학하는 이 심금을 누가 알리요
몹시 입맛이 쓰다
항용 세상의 모든 진리가
성인(聖人)이 말한 진리가
변천하지 않는다고 믿고 있다면 그것은 잘못이다
다시 말하지만
모든 진리, 모든 학설, 모든 주의 주장은
변천한다는 것을 결코 잊어서는 안 될 것이다
밤낮이 옛 그대로 바뀌고
바닷물이 처얼썩 처얼썩 옛 그대로 파도치고
하늘에 구름이 두둥실 떠가도
그때 그 파도 그 구름은 아닐진져
그 구름 속에 철새가 날아올라 유유히 흘러간다
아, 어디로 가는지 내처 모를 철새여! 말 물어보자

내 죽어서 가는 곳이 어딘지 좀 알려다오
또 조선의 넋이 무엇이며
어떻게 변하는지를 알려다오
너만은 알 게 아니냐
흐르는 세월을 누가 막을 수 있으랴!
괜스레 스스러워 헛말을 뱉고 서 있다
머언 훗날 내가 없더라도
그게 무얼까 궁금한 사람들께 일러다오
바로 이게 조선의 넋이다 하고 일러다오, 철새여!
나는 조선 땅에서 태어났고
내 아버지도, 내 아버지의 아버지도
조선 땅에서 태어났으니
어찌 안태고향인 조선 땅을 잊겠느냐
또 마다하겠는가
실로 내게는 이 땅에 태어난
잡풀 한 포기도 소중하고
그 잡풀 속에 기어다니는
풀벌레 하나도 내겐 소중한 보배다

그 풀벌레가 기어다니는 조선 땅이 없으면
내가 어디 있겠느냐!
나는 조선 밥을 먹고
조선 똥을 싼 순종 조선사람임에랴
누가 뭐라 해도,
누가 열 번 거푸 '너는 누구냐?' 물어도
나는 열 번 다
'나는 조선사람이다'라고 대답하리로다
내가 죽어 이 땅에 없어도
조선의 넋으로 남아
조선 땅, 이 땅을 지킬 것이다
오, 축배의 잔을 높이 들어라
우리는 조선 민족의 후예들이다
오, 축배의 노래를 목청껏 부르자
우리는 조선의 빛나는 선조들의 후예다
그 도도하게 흘러온 역사의 물결을 거스르며
살아왔고 또 거스르며 살아가리로다
그 조선 역사의 물결은 미래에도

억겁의 후세(後世)에도
도도하게 흘러갈 것이다
대담하고 씩씩하고 총명한 기마민족의 조선인은
찬란한 깃발을 휘날리며 달려갈 것이다
저 인류의 희망봉을 향해,
만유의 인류 역사를 향해
달리고 달리고 또 달려갈 것이다
맑고 밝게 빛나는
숭고하고 고결한 조선의 넋은
조선 땅 끝에서 끝까지 골고루 스며들어
영욕의 역사를 지을 것이다
조선 겨레의 새 역사를
새새토록 지을 것이다
얼씨구 좋다
얼씨구나 좋고 좋구나
내 어쩌다 몸을 얻어
조선 땅에 태어났으니
내 죽어서도 조선의 넋으로 남아

조선 땅을 지키리라
내 죽어 나를 불러도 대답이 없을지라도
내 넋이 여기 있노라고
불어가는 바람이 대답할 것인즉
그 바람 소리가 내 넋인 줄 알아라
그래도 모르겠다면
봄날 저 밭둑에 피어서 반기는 달맞이꽃이
내 넋인 줄 알라
그래도 또 모르겠거든
네 침방에 베고 자는 베개의
부스럭거리는 베갯잇 소리가 내 넋인 줄 알아라
내 영혼은 영원토록 조선 땅에 남아
두 눈을 부릅뜨고
변천하는 백의민족의 넋을 지켜보리라.

## ● 자평(自評)

〈조선(朝鮮)의 넋〉이란 이 장시는 나의 어쭙잖은 글이지만 나 나름대로는 고민과 고심이 많았다. 첫째로는 우리나라의 긴 역사를 샅샅이 살펴보아야 할 터인데 그 먼 우리 역사를 상고(尙古)는 공부가 절대 쉽지 않았다는 말씀을 드리고 싶다. 조선의 넋을 찾는데 그 어려움은 제가 말씀을 드리지 않아도 얼마나 고심이 많았을까는 아실 것이다.

둘째, 이 장시는 어디까지나 문학(詩)의 글로 써야 하기 때문에 시작법을 모르고 쓴다면 그게 무엇이겠습니까. 역사적 사실을 근거로 삼아야 하므로 거짓말(허구)을 할 수가 없어 역사에 있었던 사실(事實)들을 주로 사실적(事實的; Realistic) 시작법으로 쓰되, 그것만으로 안 될 것이기에 때로는 나의 과장된 진실로, 또 나의 주장의 억측이 보태어져 터무니없다 싶을 때가 많았음을 솔직히 고백하는 바이다.

시(詩)라면 메타나 이미지를 창출해서 간접표현을 해야만 되는데, 애는 썼지만 그러질 못하고 곧이곧대로 직접적인 표현을 소리 나는 대로 적는 산문시(散文詩)가 되었다고 고백한다. 허나 나는 나대로 고집이 있어 내 고집대로 행간의(行間意)를 만들고, 내 주장(主張)을 펴다 보니 말썽거리가 되지 않았나 걱정이 된다. 본문에서 밝힌 대로 〈조선의 넋〉은 내가 안 쓰면 누가 써도 써야 할 시임은 틀림없다. 왜냐하면, 조선 사람이 조선의 넋을 모른다면 말이 되겠습니까? 너무나 무거운 주제를 다루는 장시로 썼다고는 하나 두고두고 아쉬움이 남는다. 환단고기와 천부경을 비롯한 많은 사서(史書)들을 읽었지만, 우리 조선의 내력(來歷)을 배달 민족의 후예로 살아온 내가 모르고 단군조선(檀君朝鮮)

과 조선의 넋을 모른다면 그건 죽기보다 더 비참한 일이란 걸 깨달았다. 더 솔직히 말한다면 우리 조선 사람과 조선 나라 조상들만이 제일이라는 허언(虛言)은 못 한다. 들어다보니 자랑스러운 일도 많았지만 부끄러운 일이 더 많았기 때문이다.

〈조선의 넋〉이란 순종 조선의 정신 또는 영혼이란 무엇일까? 또 어디에서 찾아야 할까? 그 수많은 세월을 살아오면서 조선 역사를 지으면서 조선의 선조님들은 무엇을 했으며 또 어떻게 살았을까? 궁금하고 또 궁금해서 밤마다 잠을 이룰 수가 없었다. 조선 사람의 유전자를 가지고 태어난 내가 조선의 얼(넋)을 모른다고 생각하면 그건 죽기보다 더 잘못된 일이란 걸 안 까닭이다. 그 절실한 물음 앞에 눈이 캄캄해 오고 목이 메이며, 고민하고 고민하다가 이 장시집을 쓰게 된 소이가 아닌가 싶다. 먼 5천 년 아니면 9천 년 동안의 조선역사를 대 서사시(敍事詩)로 쓰면서 배운 게 참 많다. 문학과 인문학을 공부한 젯값을 단단히 치른 셈이다. 어쭙잖은 글일망정 애정을 가지고 일독해준다면 글 쓴 사람의 보람을 느끼리라 믿는다.

우거(宇居)에서 **도창회**

无源 **도 창 회** (시인·수필가·문학평론가)

- 경북 성주 벽진 출생
- 동국대학교 영문과 학부, 대학원 졸업(문학박사)
- 대만담강대학교 명예인문학 박사.
- 동국대학교 영어영문과 교수 역임
- 1955년 전국백일장 시 부문 장원(1955년)
- 『신태양』 시 부문, 『신세계』 수필 부문 등단(1964년)
- 한국문인협회 공로상 수상
  미국링컨문화재단 저술훈장 수상
  에피포도문학상 대상 수상
  일본문화진흥회 문학공로훈장(국제특별이사) 수상
  한중문화예술협회 문학대상 수상
  세계시인협회 계관시인상 수상
  안중근의사상(문화예술 부문) 수상

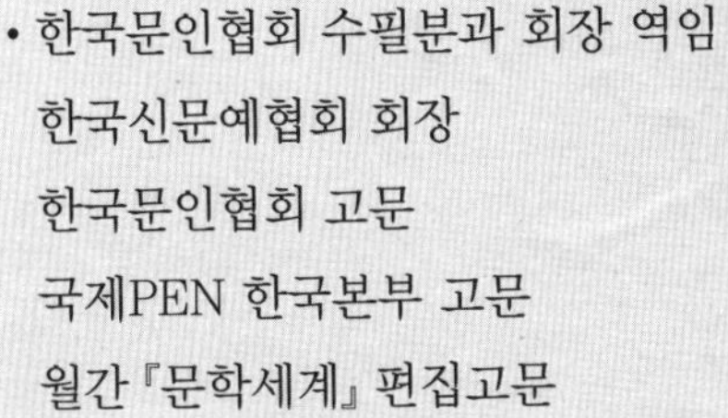

- 한국문인협회 수필분과 회장 역임
  한국신문예협회 회장
  한국문인협회 고문
  국제PEN 한국본부 고문
  월간『문학세계』편집고문
- 장시집『장송비가』
  『영혼의 연가』
  『조선의 넋』
- 시집『혼불』외 14권
- 수필집『밤별』외 7권
- 전공저서『영미 애송시 감상』
  『영미 수필론』
  『수필 문학론』
  『한국현대수필문학사』외 다수
- 영문시집 4권 외 논문 다수

문학세계대표작가선 943

조선의 넋

도창회 장시집

인쇄 1판 1쇄 2021년 3월 8일
발행 1판 1쇄 2021년 3월 15일

지 은 이 : 도창회
펴 낸 이 : 김천우
펴 낸 곳 : 도서출판 천우
등 록 : 1992. 2. 15. 제1-1307호
주 소 : 서울시 성동구 무학봉28길 6 금용빌딩 2F
전 화 : 02)2298-7661
팩 스 : 02)2298-7665
http://moonhak.wla.or.kr
E-mail : chunwo@hanmail.net



값 13,000원



ISBN 978-89-7954-838-9